Schriftenreihe BALTISCHE SEMINARE

Bd. 4

Gotik im Baltikum

Schriftenreihe BALTISCHE SEMINARE
Herausgegeben von der
Carl-Schirren-Gesellschaft e. V.

Band 4

Als Deutsch-Baltisches Kulturwerk veranstaltet die Carl-Schirren-Gesellschaft seit 1989 Baltische Seminare in Lüneburg. Dabei werden geistes- und kulturgeschichtliche Themen behandelt mit besonderer Berücksichtigung der wechselseitigen Kulturbeziehungen zwischen Esten, Letten und Deutsch-Balten. Die Referenten sind Fachwissenschaftler aus Estland, Lettland und Deutschland.

Eine wesentliche Aufgabe der Baltischen Seminare besteht in der gegenseitigen Information. Als Symposien sollen sie über die nationalen Grenzen hinaus der Fachwissenschaft einen Überblick über den Forschungsstand in den baltischen Ländern verschaffen. Ebenso wichtig ist die bei dieser Gelegenheit zu vermittelnde Information für estnische und lettische Wissenschaftler hinsichtlich neuester Forschungsarbeiten in ihrem Fachgebiet in Deutschland.

Mit der Herausgabe der Schriftenreihe „Baltische Seminare" will die Carl-Schirren-Gesellschaft eine wissenschaftlich interessierte und allgemeine Öffentlichkeit erreichen.

Prof. Dr. Axel Frhr. von Campenhausen
Vorsitzender

GOTIK IM BALTIKUM

Acht Beiträge zum

6. Baltischen Seminar 1994

Herausgegeben von

UWE ALBRECHT

Verlag Carl-Schirren-Gesellschaft

Lüneburg 2004

Die Deutsche Bibliothek – CIP Einheitsaufnahme

Gotik im Baltikum: Acht Beiträge zum 6. Baltischen Seminar 1994 /
hrsg. von Uwe Albrecht
Lüneburg: Carl-Schirren-Gesellschaft 2004
Baltische Seminare: 4
ISBN - 3-923149-38-7

Gedruckt mit Unterstützung der
Karl Ernst von Baer-Stiftung

Umschlagsentwurf: Ilmar Anvelt

Layout und Bildbearbeitung: Hans-Gerhard Körner

Inhaltsverzeichnis

VORWORT
FORSCHUNGSSTAND UND PERSPEKTIVEN

Uwe Albrecht

Mehr als 800 Jahre sind vergangen, seitdem mit den ersten dänischen und deutschen Siedlern auch das Christentum in den baltischen Ländern dauerhaft Fuß fasste. Mit dem Dombau zu Riga - im selben Jahre 1211 wie die gotische Kathedrale von Reims begonnen - gelangte im Gefolge der Kreuzritter und Missionare der Backstein an die Düna, und es dauerte nicht mehr lange, bis auch die Kunst des Wölbens sich durchzusetzen begann. Niedersächsische und holsteinische, bald auch westfälische Bauleute waren verantwortlich für diese Entwicklung, mit der gewissermaßen über Nacht der vollentwickelte Steinbau die nur schwer fassbaren hölzernen Anfänge ablöste und damit die hochmittelalterliche Kirchenarchitektur des Westens einen der östlichsten Vorposten des damaligen Europas erreichte. Die großen spätromanischen Kirchen in Braunschweig, Lübeck, Segeberg und Ratzeburg, die noch in der Regierungszeit Heinrichs des Löwen begonnen worden waren und inzwischen ihrer Vollendung entgegengingen, dienten als prominente Vorbilder, an denen man sich zunächst orientierte.

Seit etwa 1250 stand neben Sälen und Basiliken die Raumform der Hallenkirche, in Westfalen während der ersten Hälfte des 13. Jahrhunderts vielfach erprobt, im Mittelpunkt des sich ausbreitenden Pfarrkirchenbaues. Nicht mehr nur in den schnell wachsenden Städten, sondern auch auf dem flachen Land kam es nun zu erstaunlich stattlichen Gotteshäusern, die im Norden des alten Liv-lands - in der estnischen Küstenregion und auf den großen Ostseeinseln Ösel/Saaremaa, Dagö/Hiumaa und Muhu/-Moon - teils aus dem örtlichen Kalkschiefer, teils aus Dolomit, im Süden und Osten Livlands - in großen Teilen des heutige Lettlands und in Bereichen der Diözese Dorpat/Tartu – aus Ziegeln errichtet wurden. Sie bildeten gelegentlich regionale Gruppen aus, wie es besonders nachdrücklich die einander verwandten Rundpfeilerhallen in der mittelestnischen Landschaft Jerwen/Järvamaa vor Augen führen, die ihre Entstehung der historischen Sonderstellung dieses Gebietes verdanken, das zwar - wie der größte Teil Alt-Livlands - dem Deutschen Orden gehörte, kirchenrechtlich aber dem Erzbischof von Lund unterstand, dessen Suffragan der Bischof von Reval/Tallinn war und somit dänisch dominiert wurde.

Das stark von westfälischen Zuwanderern geprägte Bauen auf der schwedischen Insel Gotland kennzeichnete hingegen maßgeblich die küstennahen Bereiche Estlands, namentlich die Kirchen im Bistum Ösel-Wiek, wie es etwa die turmlosen einschiffigen Saalkirchen mit ihren hohen Gewölben rund um den Dom von Hapsal/Haapsalu veranschaulichen können. Dominikaner und Zisterzienser waren sicherlich die einflußreichsten geistlichen Mittler im hochmittelalterlichen westöstlichen Kulturtransfer. Vergessen wir darüber jedoch nicht die Bedeutung der Schwertbrüder (1202 bis 1237) im Kreuzzug gegen die heidnischen Liven sowie der ihnen nachfolgenden Deutschordensritter, deren konsequenter Landesausbau in den neu gewonnenen Territorien für innere Sicherheit und den Beginn verwaltungsmäßiger Strukturen sorgte. Mächtige Wahrzeichen ihrer dreihundertjährigen Präsenz sind noch heute als Ruinen die Mauern der zahlreichen Ordensburgen.

„Gotik im Baltikum" – das Thema des 1994 von der Carl-Schirren-Gesellschaft in Lüneburg ausgerichteten 6. Baltischen Seminars (vgl. die Besprechung von Elita Grosmane in: Latvijas Zinātņu Akadēmijas Vēstis 1994, Nr. 7/8 [564/565], S. 74-75) beschränkt sich nicht auf diese Anfänge mittelalterlicher Kunst und Architektur im östlichen Ostseebereich, sondern bezieht auch die späteren Jahrhunderte bis zur Reformation mit ein. Neben Beiträgen zur Baukunst kommen Themen der Malerei und Skulptur zur Sprache. Allen gemeinsam ist die Darstellung neuerer, bislang unveröffentlichter Forschungen, die hier erstmals einem interessierten Leserkreis zugänglich gemacht werden. Dazu gehören die Beiträge von Inges Kunft (Kiel) und Lindy Piiri (Dorpat/Tartu), die die gotische Terrakotta-Bauplastik des östlichen Ostseeraumes thematisieren. Als deren nordeuropäisches Hauptwerk kann die aus Hunderten von frei modellierten ornamentalen und figürlichen Einzelplatten zusammengesetzte äußere und innere Dekoration der Dorpater St. Johanniskirche gelten, die nach schweren Kriegsschäden dank gemeinsamer deutsch-estnischer Bemühungen derzeit ihrer Wiederherstellung entgegensieht. Katrin Kivimaa (Reval/Tallinn) widmet sich der Aussagekraft mittelalterlicher Tiersymbolik an estnischen Beispielen des späteren 14. und frühen 15. Jahrhunderts. Anja Rasche (Speyer) legt neue Einsichten zum Hochaltarretabel der Revaler St. Nikolaikirche vor, das der Lübecker Maler Hermen Rode 1481 auf dem Seeweg lieferte. Zwei Themen aus dem Bereich der spätgotischen Profanarchitektur behandeln Jüri Kuuskema (Reval/Tallinn) und Gunārs Jansons (Riga): Das städtebauliche Ensemble der Revaler Langen Seestraße und die Geschichte des späteren Rigaer Schwarzhäupterhauses, das vor kurzem - nach schmerzlichem Kriegsverlust - seine vollständige Rekonstruktion erlebte.

Māra Siliņa (Riga) beschließt den Band mit einer Übersicht über die Typologie und Ikonographie der gotischen Grabmalskunst im Gebiet des heutigen Lettlands.

Der in Lüneburg ebenfalls gehaltene Vortrag von Elita Grosmane (Riga) ist mittlerweile an anderer Stelle publiziert worden. Die Beiträge von Kaur Alttoa (Dorpat/Tartu) und Jan von Bonsdorff (Tromsö) mußten leider unberücksichtigt bleiben. Ursache für die verspätete Drucklegung waren langjährige finanzielle Ungewissheiten, die aus der veränderten politischen Situation der baltischen Länder nach 1991 resultierten. Dass der Großteil der 1994 gehaltenen Referate hiermit endlich in angemessener Form vorgelegt werden kann, ist der Karl Ernst von Baer-Stiftung zu verdanken. Wertvolle redaktionelle Hilfestellung leistete Wolf-Paul Wulffius (Kiel), dem dafür ebenso herzlichen Dank gebührt wie der gastgebenden Institution, der Ost-Akademie (Lüneburg), in dessen Räume die Tagung vom 25.- 27. Mai 1994 veranstaltet werden konnte.

TERRAKOTTA-BAUPLASTIK IM DEUTSCH-ORDENSLAND

Inges Kunft

Einleitung

Im baltischen Küstengebiet, dem gesamten südlichen Ostseeraum von Dänemark bis Südestland, war man im 12. Jahrhundert, als man mit dem Steinbau begann, auf Kunststein angewiesen, wollte man nicht von weither Kalk-, Sand- oder Tuffstein einführen. Das für den Kirchen- oder Burgenbau verwendbare natürliche Steinvorkommen beschränkte sich in der norddeutschen Tiefebene auf Granitfindlinge, die zwar in der Frühzeit;[1] auch später noch für Sockel und Fundamente benutzt wurden, jedoch schwer zu bearbeiten waren.

Unterstützt durch überall vorkommende Tonlager verbreitete sich der Backsteinbau, wurde im Zuge der Ostkolonisation in die Mark Brandenburg, nach Pommern und Preußen gebracht.[2] Bemerkenswert daran ist, dass nicht eine allmähliche Entwicklung der neuen Technik festzustellen ist, sondern dass sie gleich voll ausgeprägt dasteht, wie am Beispiel der Klosterkirche zu Jerichow[3] nachzuvollziehen ist.[4]

---

[1] Vor allem Dorfkirchen wurden aus Findlingen gebaut, da für dörfliche Bauten nicht die wirtschaftlichen Möglichkeiten zur Verfügung standen wie z.B. einer bischöflichen Einrichtung wie Schleswig, wo Werkstein importiert wurde.

[2] Vgl. Günther Binding, Das Aufkommen von Backstein und Ziegel in Deutschland, in: Gebrannte Erde 1973, S. 1ff.

[3] Das Prämonstratenserstift wurde 1144 gerundet, Baubeginn wohl nach 1172. Vgl. Hans Josef Böker, Die mittelalterliche Backsteinarchitektur Norddeutschlands. Darmstadt 1988, S. 32 ff.

Während dort jedoch ein Großteil des bauplastischen Schmuckes noch aus Kalkstein gearbeitet ist, nebenher gibt es auch hier die traditionellen backsteingemäßen Ornamente wie Bogen- und Kreuzbogenfries, Zahnschnitt etc., die von Beginn an im norddeutschen Backsteinbau vorhanden waren, ging man später dazu über, auch andere Zierelemente aus Ton herzustellen.

Die Dekoration mit Terrakotten tritt im gesamten baltischen Backsteingebiet auf, von Dänemark[5] über Mecklenburg, Brandenburg, Pommern, Ost- und Westpreußen bis zum Baltikum.[6] Hierbei lässt sich gerade im ehemaligen Kerngebiet des Deutschen Ordens, in Ost- und Westpreußen, eine Häufung dieser Art der Bauplastik feststellen, auch wenn die Bauplastik des Ordenslandes nicht ausschließlich aus Terrakotta gearbeitet ist.

Technik

Es sind ganz unterschiedliche Ausprägungen der Terrakottaplastik zu finden. Zum einen treten meist glasierte Tierziegel auf, die in Hohlformen gepresst wurden. Ähnlich wie bei der Herstellung von normalen, unverzierten Backsteinen, wurde der Ton in Holzrahmen gestrichen, in die die beabsichtigte Darstellung negativ im Tiefschnitt eingearbeitet wurde. Der Ton mußte gut durchgearbeitet sein, damit auch sehr feine Or-

---

[4] Gründe dafür bei Otto Stiehl, Backstein und Backsteinbau, in: Reallexikon zur deutschen Kunstgeschichte I, Stuttgart 1937, Sp. 134-135; Böker, a.a.O.; Binding, a.a.O.

[5] Ribe, Katharienenkloster, Relief Ziegel mit Christuskopf (Veronika)

[6] Tartu, St. Johanneskirche, Reliefziegel, Figuren aus zusammengesetzten Tollblöcken, eine der aufwendigsten bauplastischen Dekorationen im gesamten südlichen Ostseebereich.

namente gut ausgefüllt wurden.[7] So konnten ohne großen Aufwand sehr viele gleichartige Ziegel produziert werden, die dann meist zu einem Fries verlegt wurden. Aus solchen seriell mit Modeln geformten Platten wurden auch ornamentale Friese, zum Beispiel Rundbogen-, Kleeblattbogen- oder Rankenfriese, die meist unglasiert blieben, und auch die für das Ordensland spezifischen Buchstabenfriese zusammengesetzt. Die Tier- und Buchstabenkacheln wurden mit einem braun-, gelb- oder grünfarbigen, undurchsichtigen glänzenden Bleifluß überzogen, wodurch die roten Backsteinfassaden belebt wurden.

Die andere Form der Terrakottenherstellung war das freie Skulpieren. Dabei wurden die Figuren entweder aus einem gebrannten Tonblock herausgearbeitet oder aus dem lederhart getrockneten Ton geschnitten. Gebrannter Ton bietet einige Nachteile: Er ist sehr spröde, platzt leicht beim Behauen ab, feinere Ausarbeitung und Durchbrechungen müssen vermieden werden, die Oberfläche ist porös, denn die Haut, die sich beim Brennen bildet, wird zerstört und ist so besonders anfällig.

Deshalb wurden die meisten Stücke vor dem Brennen aus getrocknetem Ton gearbeitet. Zuerst wurden aus dem gut abgelagerten und durchwinterten Ton - so konnte ein Ab-springen, verursacht durch eingeschlossene Pflanzenreste, vermieden werden - große Blöcke angefertigt und zum Austrocknen gelagert. Dabei musste natürlich der Schwund beim Trocknen und beim Brennen mit einberechnet werden. Nach dem Trocknen hat der Tonblock eine dem Haustein ähnliche Festigkeit, lässt sich gut mit Messer und Meißel bearbeiten, und es bestand auch nicht mehr die Gefahr wie beim Modellieren in einen noch weichen, feuchten Tonklumpen, dass die ausgeführten

---

[7] Eine genauere Beschreibung dieser Herstellungsweise findet sich bei Rudolf Schnyder. Die Baukeramik und der mittelalterliche Backsteinbau des Zisterzienserklosters St. Urban, Bern 1958, S. 11 ff.

Ornamente durch Reißen beim Trocknen wieder zerstört wurden.

Denkmälerbestand
Situation in Preußen im 13. Jahrhundert

Der Deutsche Orden war 1190 vor Akkon im Heiligen Land von deutschen Kaufleuten gegründet und kurz danach zum Ritterorden erweitert worden. Als die Kreuzfahrer im Orient keinen Erfolg mehr hatten, war der Orden bestrebt, in anderen Gebieten zu expandieren. Auf einen Hilferuf im Jahre 1225/26 des polnischen Herzogs Konrad von Masowien hin kam der Orden nach Absicherung durch Kaiser und Papst[8] unter Führung des Landmeisters Hermann Balk an die Weichsel, eroberte und christianisierte das Land. Vom Kulmerland aus drang der Orden nach Norden und Osten vor, 1237 wurde der in Livland tätige Schwertbrüderorden eingegliedert und schließlich der Hochmeistersitz 1309 nach Marienburg verlegt. Das Land musste sich der Orden mit vier Bischöfen teilen, die Bis-tümer Kulm (Kulmsee), Pomesanien (Marienwerder), Ermland (Frauenburg) und Samland (Königsberg) gehörten nicht zu seinem Herrschaftsbereich.

Nach und nach wurden Burgen angelegt, zunächst Holz- und Erdkonstruktionen-, als Ausgangspunkt zur Eroberung und Verteidigung gegen die heidnischen Pruzzen.

Birgelau (Bierzglowski Zamek, Kreis Thorn)

---

[8] Friedrich II. bestätigt in der Urkunde von Rimini 1226, dass die von dem Orden eroberten Gebiete unter kaiserlichem Schutz stehen und in der Bulle von Rieti 1234 überlässt Papst Gregor IX. das Kulmer Land und andere eroberte Gebiete dem Deutschen Orden. Vgl. Fritz Gause, Geschichte des Preußenlandes. Leer 1966.

An der zu den ältesten Anlagen gehörenden Ordensburg Birgelau im Kulmer Land ist die früheste bekannte figürliche Terrakottabauplastik, wenn auch sehr angegriffen, erhalten geblieben. Die Burg wurde, nachdem sie 1263 durch die Litauer zerstört worden war, ab ca. 1270 in Stein wiederaufgebaut. In der im unteren Teil noch aus Granitfindlingen gemauerten nördlichen Mauer liegt das Burgportal, das durch einen Rundbogen aus Granitquadern gebildet ist. Dieser wird von einem Wulst aus Formsteinen eingefasst, worüber sich dann ein Spitzbogen, ebenfalls aus profilierten Backsteinen, erhebt, der von einem Buchstabenfries begleitet wird. Dieser Fries setzt sich aus hell(braun) glasierten Platten zusammen, auf denen sich jeweils ein dunkel (heute schwärzlich) glasierter Buchstabe erhebt. Der Text scheint keinen Sinn zu ergeben, einige Buchstabenplatten sind auch zerstört.

In dem sich zwischen Spitz- und Rundbogen bildenden Zwickel befindet sich tympanonartig ein aus mehreren Tonplatten zusammengesetztes Relief. Dargestellt sind in der Mitte, einer halben Mandorla eingeschrieben, ein Ordensritter zu Pferde, auf der linken Seite ein Ritter mit Schild und Lanze, zu dem mittleren gewendet, auf der rechten Seite, wegen der starken Zerstörung nur sehr schwer zu erkennen, eine kniende Figur. Die ältere Forschung,[9] die vielleicht noch einen besseren Erhaltungszustand antraf, interpretierte auch diese Figur als Ritter.

In diesem Portal drückten sich noch stark das kriegerische Element, die Eroberungs- und Expansionsabsichten des Deutschen Ordens aus. Besucher oder Angreifer der Burg wurden gleich mit einer Darstellung der Stärke und Macht konfrontiert. Vielleicht konnte man auch aus den seitlichen Rittern die bei-

---

[9] Vgl. Conrad Steinbrecht, Preußen zur Zeit der Landmeister. Berlin 1888. Eine andere Deutung (Der heilige Martin mit dem knienden Bettler) bei Karl Heinz Clasen, Die mittelalterliche Bildhauerkunst im Deutschordensland Preußen. Königsberg 1939, S. 44.

den wichtigsten Aufgaben des Ordens herauslesen: Mission durch kriegerische Unterwerfung und Gottesfurcht durch Fürbitte vorbildlicht. Ähnliche Portale sind im Ordensland nicht überliefert, wenn auch immer wieder Ordensritter in Darstellungen auftreten.[10]

Elbing (Elblag, Stadtkreis Elbing)

Elbing gehört ebenfalls zu den frühen Burganlagen des Deutschen Ordens. 1237 wurde die alte Pruzzensiedlung erobert und eine erste Anlage erbaut. Nachdem der Ort 1251 als Sitz des Landmeisters ausgewählt worden war,[11] wurde der Ausbau der Burg besonders forciert. Bis zur Verlegung des Hochmeistersitzes in die Marienburg 1309 war Elbing also der wichtigste Ort des Landes. Schon 1454 wurde die Burg zerstört, doch Grabungen[12] haben einige Funde zutage gefördert, die auf eine reiche Ausstattung schließen lassen. Neben Maßwerkplatten wurden Fragmente von Figuren aus Ton entdeckt. Bei dem einen 22,5 cm großen Stück handelt es sich um den unteren Teil einer Gewandfigur. Die Falten schwingen leicht und es deutet sich eine leichte Körperbiegung an. Hauke/Stobbe interpretieren die Figur als weibliche Heilige oder

---

[10] Vielleicht gab es ein ähnliches Relief über dem Hochschlosstor der Marienburg; das heutige Reiterbildnis stammt jedoch aus dem 19. Jahrhundert, als das Tor erneuert wurde. Vgl. Bernhard Schmid, Die Marienburg (Deutsche Baukunst im Osten 1, hrsg. vom Göttinger Arbeitskreis). Würzburg 1955, S. 88 f.

[11] Vgl. Karl Hauke und Horst Stobbe, Die Baugeschichte und die Baudenkmäler der Stadt Elbing, (Bau- und Kunstdenkmäler des Ostens 6, Reihe B). Stuttgart 1964, S. 25.

[12] 1914 und 1919 wurden Grabungen vorgenommen. Nachricht darüber von Bruno Ehrlich, Bericht über die Tätigkeit der Elbinger Altertumsgesellschaft in den Vereinsjahren 1915/16-1918/19, in: Elbinger Jahrbuch 1, 1919, S. 204 ff.

als kluge oder törichte Jungfrau.[13] Doch kann man kein Attribut erkennen. Dass man sie dennoch als Jungfrau deuten kann, unterstützen zwei Bruchstücke einer anderen Figur, die etwa die gleiche Gesamthöhe hatte. An dieser ehemals ca. 60 cm großen Statuette erkennt man deutlich die nach unten gehaltene Öllampe, also eine törichte Jungfrau. Außerdem fand man noch das Fragment eines Kopfes, das wohl zu einem weiblichen Gesicht gehört und in seiner Größe gut zu den Figuren passt.

Natürlich denkt man bei diesen Fundstücken sofort an die bekannte Portalgestaltung der Schlosskapelle der Marienburg. Wahrscheinlich hat es hier ein ganz ähnliches Portal gegeben. Zudem macht die Stellung der Burg Elbing eine solch aufwendige Dekoration wahrscheinlich. (Jedoch sind die Figuren etwas größer als die der Marienburg.) Das Portal wird in die Frühphase des Burgenbaus in Elbing datiert, in die Zeit nach 1250.[14]

Marienburg (Halbork, Kreis Marienburg)

Das an Terrakottabauplastik reichste Portal, das noch erhalten ist, finden wir in der Marienburg die sogenannte „Goldene Pforte".[15] Sie befindet sich in dem ältesten Teil der Anlage, dem in den 1270er Jahren begonnenen und um 1300 vollendeten Hochschloss.[16] Die Goldene Pforte, die Eingangstür zur Schlosskapelle, befindet sich in der nordöstlichen Ecke des Schlosses, geht im ersten Geschoss vom Kreuzgang ab und entstand in der Zeit nach 1280.

---

[13] Hauke/Stobbe, (wie Anm. 11), S. 34.
[14] Ebenda, S. 34.
[15] Der Begriff „Goldene Pforte" wird erstmals 1417 im Hauskomturbuch benutzt und geht auf die goldfarbene und bunte Bemalung zurück. Vgl. Schmid, 1955 S. 28 f.
[16] Genaue Baugeschichte der Marienburg bei Schmid, 1955.

An den Seitenwänden der Vorhalle, die sich in der Mauerstärke befindet,[17] bilden sich kleine Nischen über Sitzbänken, die durch feines Maßwerk gegliedert sind. Dem Maßwerk sind auf beiden Seiten aus getrockenem Ton gearbeitete Reliefs eingeschrieben[18]: auf der linken Seite oben der 12jährige Christus im Tempel, dem die Schriftgelehrten mit Judenhüten lauschen, darunter Maria und Joseph auf der Suche nach ihm und die Eltern mit dem gefundenen Christus, auf der rechten Seite die Verkündung, die Geburt Christi und die Darbringung im Tempel. Im unteren Bereich befinden sich Bänder aus in Modeln gepressten Ziegeln mit Tierdarstellungen (Hirsche, Greife, eine Art Hund, vielleicht geflügelt).

An der Stirnseite liegt das spitzbogige Kirchenportal. Das stufige Gewände wird durch zierliche Rundstäbe gebildet, die sich auch in den Archivolten fortsetzen und nur durch ein Kapitellband mit Eichenlaub und Fabelwesen und den Skulpturen von fünf klugen und fünf törichten Jungfrauen unterbrochen werden. Die Figuren werden von einem Maßwerkbaldachin bekrönt, genau wie die Figuren der Ecclesia und Synagoge, die sich in der inneren Archivolte etwas höher gegenüber stehen. In der daneben liegenden Archivolte rankt Weinlaub mit Trauben, in den äußeren Akanthusblätter auch Fabeltiere. An der Spitze befindet sich die Halbfigur eines gekrönten Mannes und im Schlussstein des Kreuzrippengewölbes, das die Vorhalle

---

[17] Das Nischenportal ist eine ordensspezifische Form. Die Funktion als Verteidigungsort machte starke Mauern notwendig. So entstanden in Ordensburgen Vorhallen, die nicht extra gebaut werden mussten. Auch in Gollub befindet sich ein der Goldenen Pforte ähnliches Portal mit Maßwerkgliederung und figürlichen Reliefs, allerdings aus Stuck und Kalkstein, heute im Museum der Marienburg.

[18] Die Reste der Originale befinden sich heute im Museum der Marienburg -die der rechten Seite sind ganz verloren gegangen-, 1883 wurden sie durch Nachbildungen ersetzt. 1883 und 1884 wurde das Schloss unter der Leitung von Conrad Steinbrecht durch den Berliner Bildhauer Fritz Behrend restauriert.

überspannt, sehen wir Christus als Weltenrichter. Sowohl der Schlussstein als auch die Jungfrauen lassen das Portal als eine Darstellung des Jüngsten Gerichts deuten.

Die Jungfrauen stehen sehr statisch auf ihren Sockeln, dabei wirken die klugen Jungfrauen, von denen die zweite und dritte erneuert sind, noch bewegungsloser und formelhafter. Ihre Körperhaltungen wiederholen sich, immer wird das Gewand in der Mitte gerafft und fällt in seitlichen Kaskaden zu Boden. Die törichten Jungfrauen dagegen zeigen mehr Bewegung, sie legen ihre Köpfe schräg, die Gesichter sind auch nicht ganz so breit und flächig, die Gesten werden variiert und auch die Gewandgestaltung unterscheidet sich. Es wird meist seitlich hoch gerafft, fällt in Parallel-, Schüssel- und Diagonalfalten hinunter, und bei zwei Figuren scheint man sogar unter dem Gewand das Bein zu erkennen. Ähnlich bewegt und variabel gestaltet sind die Reliefs der linken Vorhallenseite. Diese und die törichten Jungfrauen sind nicht zeitgleich mit den klugen Jungfrauen entstanden, wahrscheinlich etwas später.

Die Darstellung der klugen und törichten Jungfrauen, der Ecclesia und Synagoge war ein beliebtes Thema in der Portalgestaltung, die der Marienburg vorausging. Am Bamberger Fürstenportal (1255-60) erscheinen die Ecclesia und Synagoge ebenso am Querhaussüdportal (1240-50) des Straßburger Münsters, wo auch die Jungfrauen am südlichen Seitenportal (1298 beendet) der Westfront zu finden sind. Stilistisch kann man sie mit den Stifterfiguren des Naumburger Domes, besonders mit der Reglindis, vergleichen. Das Gewand ist ganz ähnlich gestaltet, die Skulptur wirkt ebenfalls flächig, wenn sie natürlich dabei auch viel bewegter ist als die Marienburger Jungfrauen. Zu beachten ist auch das sogenannte Jungfrauenmodell in Magdeburg, zwar eine nicht zu Ende geführte Arbeit, die aber doch Übereinstimmungen erkennen lässt.

Ein wichtiges Beispiel für Jungfrauendarstellungen kommt ebenfalls aus Sachsen: An dem Jungfrauenportal des Magdeburger Doms sind die klugen und törichten Jungfrauen und auch Ecclesia und Synagoge (ca. 1250) aufgestellt. Stilistisch sind sie nicht zu vergleichen, sie haben eine viel lebhaftere Mimik und Gestik, der Faltenstil ist auch ein anderer.

Dennoch ist die Herkunft des Marienburger Meisters aus Mitteldeutschland nicht unwahrscheinlich, da viele Ordensleute aus Sachsen, Thüringen und Westfalen kamen und ihre Bauleute von dort mitbrachten.[19]

Brandenburg (Pokarmin, Kreis Heiligenbeil) und Lochstedt (Kreis Fischhausen)

Auch in Brandenburg und Lochstedt waren aufwendige Kapellenportale vorhanden, wenn auch nicht mit figürlichen Tonskulpturen. In Brandenburg, von Markgraf Otto III. von Brandenburg 1266 gegründet, ab 1270 in Stein ausgebaut.[20] 1454 das erste Mal zerstört und Ende des 18. Jahrhunderts völlig abgebrochen, wurden glasierte Tierziegel, denen der Marienburg ähnlich, Reste des Rundbogenplattenfrieses, den es auch in Marienburg und Lochstedt gibt, und glasierte Buchstabenziegel gefunden.

Diese umrahmen auch das Kapellen- und Remterportal[21] der Burg Lochstedt, die von 1275 bis ca. 1300 in Stein ausgebaut wurde. Heute ist nur noch der Südflügel mit Torweg und Sakristeianbau erhalten.[22]

---

[19] 1288-98 war Meiner von Querfurt aus dem Geschlecht der Burggrafen von Magdeburg Landmeister in Preußen.

[20] Scriptores rerum Prussicarum 1, hrsg. von Theodor Hirsch, Max Töppen und Ernst Strehlke, Leipzig 1861, S. 115 f u. 454 f.

[21] Die Inschrift, die sich um das Kapellenportal zieht, heißt: „gebenedigit si der Name Ihesu Christi".

[22] Vgl. Dehio, Handbuch der Kunstdenkmäler West- und Ostpreußen, bearb. von Michael Antoni, München 1993, S. 368 f.

Das Kapellenportal, auch ein Nischenportal, ist ganz aus Terrakottaformsteinen gestaltet, bunt glasiert oder backsteinsichtig gelassen. Die Kapitelle zeigen Blattornamentik und in der Vorhalle ist an den Seiten wie in Marienburg eine feine Maßwerkgliederung angebracht. Vielleicht waren auch hier einmal Reliefplatten vorhanden. In der Kapelle läuft unter den Fensterbänken der schon erwähnte Rundbogenplattenfries entlang.

Inschriftenfriese

Inschriftenfriese, die aus einzelnen Platten zusammengesetzt sind, kommen im restlichen baltischen Backsteingebiet nicht vor, nur im Ordensland treten sie auf. Immer wieder wird auf die Herkunft aus dem vorderen Orient, Syrien, wo der Deutsche Orden zuerst tätig war, hingewiesen.[23] Dort wurden nicht nur farbige Ziegel zur Flächendekoration verwendet, sondern auch Buchstabenziegel. Zuerst finden wir sie am Schlossportal in Birgelau, dann mit etwas abgewandelten Buchstabenformen am Schloss in Elbing, in Brandenburg, an den Fenstern der Marienburger Schlosskapelle und besonders aufwendig an der Kirche St. Jakob in Thorn, zwar eine Pfarrkirche, aber auch vom Orden gegründet. Ein Inschriftenfries innen unter den Fenstern des Chores besagt, dass er 1309 begonnen wurde. Außen verläuft um den Chor, auch um die Strebepfeiler, eine Inschrift[24] und ebenso am Portal, das zuletzt erbaut wurde. Dort sind allerdings die Buchstaben ohne Sinn, zum Teil verkehrt herum angebracht. Wahrscheinlich wurden hier nur Reste des früheren Baus verwertet.

---

[23] Vgl. Steinbrecht, (wie Anm. 9), S. 119 und Richard Borrmann, Die Keramik in der Baukunst, (Handbuch der Architektur I, 4), Leipzig 1908, S. 122.

[24] Vgl. Conrad Steinbrecht, Thorn im Mittelalter, Berlin 1885.

Auch andere Details der Ornamentik deuten darauf hin, dass die genannten Bauten sehr eng zusammen liegen. Der aus Platten zusammengesetzte Rundbogenfries kommt in Marienburg am Hochschloss vor, in der Lochstedter Schlosskapelle und in Brandenburg wurden Teile gefunden. Auch Spitzbogenfriese, die aus Platten zusammengesetzt werden, treten immer wieder auf: an der Marienburg, in Elbing, dazu in Rehden und Kulm. Diese Übereinstimmungen lassen darauf schließen, dass es vielleicht im zentral gelegenen Elbing, das zuerst begonnen wurde und noch dazu in der ersten Zeit die größte Bedeutung hatte, eine Bauhütte gegeben hat, die die Bauten der anderen Schlösser stark beeinflusste.

Leider geben erst spätere Quellen, wie zum Beispiel das Marienburger Treßlerbuch,[25] genauere Auskunft über Bauunter-nehmungen und Verträge mit Bauleuten. In späterer Zeit treten Inschriften noch einmal am Chor der Pfarrkirche in Pehsken (deutsche Bauinschrift mit Datum 1348), über der Toreinfahrt des Schlosses Schönberg (1396 unter Bischof Skerlin erbaut) und in der Vorhalle des Frauenburger Doms (Baudatum 1388) auf.

Graudenz (Grudziadz, Kreis Graudenz

Wie Versatzstücke an der Pfarrkirche zu Graudenz zeigen, gab es an der dortigen Burg ebenfalls figürliche Bauplastik. 1234 wurde der an der Weichsel gelegene Ort vom Deutschen Orden eingenommen und die Burg ab 1260 in Stein ausgeführt, im 15. und 17. Jahrhundert durch die Bürger zerstört und im 19. Jahrhundert dann fast ganz abgetragen. Zu den Resten die-

---

[25] Ernst Joachim, Das Marienburger Treßlerbuch der Jahre 1399-1409, Königsberg 1896. Eine Übersicht über Verträge, Bauleute und Baubetrieb bei Bernhard Schmid, Die Baumeister im Deutschordenslande Preußen (Schriften der Königsberger Gelehrten Gesellschaft, Geisteswissenschaftliche Klasse 15/16, Heft 1), Halle 1939.

ses ersten Steinbaus gehören kleine Heiligenfiguren, anhand der Ziegelgröße auf ca. 60 cm zu schätzen, die heute an der westlichen Seite des Turmes der Pfarrkirche angebracht sind. Dieser Turm brannte 1612 ab, und es ist zu vermuten, dass nach dem Neubau die bei der Zerstörung geretteten plastischen Dekorationen des Ordensschlosses nachträglich dorthin versetzt wurden. Dies zeigt das unregelmäßige Mauerwerk um die Figuren herum.

Die Statuen, als Hochrelief auf einer Tonplatte gearbeitet und braun glasiert, stellen weibliche Heilige dar, vielleicht eine Maria mit Kind oder eine Katharina, ein an der Stelle abgesprungener Teil lässt dies nicht so genau erkennen. Ebenso erschwert die Höhe der Anbringung eine Identifizierung. Der Faltenwurf scheint bewegter als bei den Marienburger klugen Jungfrauen, den törichten sehr ähnlich, die Körperhaltung nicht so statisch, sondern etwas gebogener, so dass die Graudenzer Figuren wohl ein wenig später zu datieren sind, um 1300. Dies wird von einem Visitationsbericht des Jahres 1667 unterstützt, der besagt, dass die Kapelle unter Gottfried von Hohenlohe (1299-1302) erbaut wurde.[26]

Griffen (Grzywna, Kreis Thorn)

Am Westgiebel der Pfarrkirche in Griffen sind ganz ähnliche Terrakottaplatten angebracht. Der Ziegelbau der Kirche entstand um 1300, allerdings gab es einen Turm vor dem Westgiebel, von dem heute nur noch der untere Teil als Vorhalle existiert. Dieser ist erst im 14. Jahrhundert entstanden und

---

[26] Vgl. Bernhard Schmid, Zur Baugeschichte der Ordens- und Bischofsschlösser in Preußen, in: Zs. des Westpreußischen Geschichtsvereins, Heft 69, 1929, S. 60 f. Die Zeitangabe des Visitationsberichts ging wahrscheinlich auf eine Bauinschrift in der Kapelle zurück.

hat zeitweilig die Figuren verdeckt. Da man im Mauerwerk keine Abbruchspuren findet, kann man davon ausgehen, dass die Tonplatten gleich beim ersten Bau eingefügt wurden.

Die 58 cm hohen Platten liegen in Blendnischen und dienten der Betonung des ursprünglichen Portals. Es handelt sich hier ebenfalls um Heilige, von denen man eine Katharina und eine sitzende Maria mit Kind in der mittleren Nische erkennen kann. Die Form dieser Terrakotten, Hochrelief auf Tonplatten, und auch die Gestaltung der Figuren stimmt so sehr mit der Graudenzer überein, dass sie zu derselben Zeit und wahrscheinlich auch in derselben Bauhütte entstanden sein müssen. Die Anbringung in Griffen gibt vielleicht auch einen Hinweis darauf, wo man die Figuren am Graudenzer Ordensschloss vermuten kann, am Portal oder an einer Fläche darüber. Doch bleibt es überraschend, an einer Dorfkirche solch aufwendige Dekoration zu finden.

Beispiele des 14. Jahrhunderts

Bartenstein (Bartoszyce, Kreis Bartenstein)

Eine Terrakottadekoration anderer Art befindet sich in der St. Johannes-Pfarrkirche in Bartenstein. Die nach 1332[27] einschiffig begonnene Kirche wurde 1360-80 dreischiffig erweitert, wobei auch das Nordportal, das heute durch einen Vorhallenanbau verdeckt ist, entstand. Das reich gegliederte Portal wird von zwei spitzbogigen Nischen flankiert, die mit einer Kreuzblume gekrönt sind. In diesen Nischen sitzt je eine Heilige, die aus getrocknetem Ton geschnitten und aus mehreren Platten zusammengesetzt ist. Sie sind 118 x 26 cm groß, das Relief ist flach und sehr grob und wirkt für die Entstehungszeit recht altertümlich. Links ist die heilige Margarethe mit einem

---

[27] Dehio, Handbuch, (wie Anm. 22), S. 42 ff.

Drachen auf dem Arm und rechts die heilige Katharina dargestellt:[28] Allerdings kann man durch die dunkle Glasur die Attribute nicht besonders gut erkennen.

Wormditt (Orneta, Kreis Braunsberg)

Die Pfarrkirche St. Johannes in Wormditt entstand etwa
zur gleichen Zeit, 1379 wurde sie geweiht.[29] Im 15. Jahrhundert wurden an die Seitenschiffe Kapellen angebaut, die heute
eine ungewöhnliche Dekoration zeigen. Unterhalb der Fensterzone verläuft auf der Nordseite ein Fries aus Tonplatten. Vom
Chor bis zum westlichen Nordportal reicht der etwas früher,
um 1370 entstandene Fries I, danach beginnt Fries II. Sie
stammen beide noch vom ersten Bau und waren wahrscheinlich
an den später herausgebrochenen Seitenschiffswänden angebracht.

Bei Fries I[30] umrahmen zwei Bänder mit Rankwerk ein etwas breiteres Band mit Büsten, die einem Spitzbogen eingeschrieben sind und von kleinen Fialen flankiert werden. Dabei
enthält eine Tonplatte immer einen Männer- und einen Frauen-
kopf. Fries II zeigt entsprechend zwei Bänder Weinlaub und
Trauben bzw. Beeren und dazwischen Platten mit den Ganzfi-
guren einer Frau und eines bärtigen Mannes, die in einem Drei-
passbogen eingestellt sind. Diese Platten sind in Modeln
gepreßt worden, bei Fries II wurde ganz scharfkantig, ohne besonders auf die Proportionen zu achten, in eine Form geschnitten.

---

[28] Vgl. Adolf Boetticher, Die Bau- und Kunstdenkmäler der Provinz Ostpreußen, Heft 2: Natangen, Königsberg 1892:

[29] Vgl. Ferdinand von Quast, Denkmale der Baukunst in Preußen. Berlin
1852, 2. Aufl. 1977, Blatt 12.

[30] Einen ähnlichen Fries soll es an der St. Laurentiuspfarrkirche in Gött-
kendorf (Gutkowo, Kreis Allenstein) geben.

Elbing (Elblag, Stadtkreis Elbing)

Es haben sich Zeichnungen erhalten, die die Verwendung von Terrakotten an Bürgerhäusern in Elbing, das 1945 völlig zerstört wurde, belegen. Der Berliner Maler und Zeichner R. Hülker hat 1841-43 einige Ansichten von Elbing gezeichnet. Das Blatt des Hauses Wilhelmstraße 51 zeigt, dass auch im Privathausbau farbige Glasursteine, Ornamentplatten, Reliefziegel mit Tieren, Köpfen oder Pflanzen verwendet wurden. Dieses sogenannte Haus mit den Antlitzen wird schon 1399 und 1415 im Elbinger Stadtbuch erwähnt.[31]

Die Zeichnung zeigt ein im Erdgeschoss verputztes Haus. Darüber befinden sich fünf Blendnischen mit je drei kleinen Fenstern, die dazwischen liegenden Pfeiler sind mit Terrakottaplatten dekoriert, deren Ornament man jedoch auf der Zeichnung nicht erkennen kann. Darüber liegt ein waagerechter Fries wohl mit Blumen- und Rosettenplatten. Der Giebel ist mit sechs senkrechten Friesen verziert, die aus Keramikplatten mit immer denselben Köpfen zusammengesetzt sind, pfeilerartig hervortreten und wahrscheinlich einen Staffelgiebel bildeten, wie eine Rekonstruktion zeigt.[32] Hauke/Stobbe bringen diese Friese mit denen der Pfarrkirche in Wormditt in Zusammenhang, denn der Bauherr des Hauses Wilhelmstraße 51, Radeko Frauendorf, soll aus der Gegend von Wormditt gekommen sein und Bauleute aus seiner Heimat mitgebracht haben. Wenn es auch an anderen Stellen Häuser mit Tonplattenfriesen gegeben hat,[33] so war doch dieses Haus das einzige mit Gesichtern. Die-

---

[31] Vgl. Hauke/Stobbe, (wie Anm. 11), S. 102: Blatt 62 des Stadtbuches: „cum faciebus decorata", Blatt 87b: „gros huse (...) das mit den antliczen (...)".

[32] Ebenda, S. 99.

[33] Ebenda, S. 113 ff., z.B. Wilhelmstraße 55/56.

se Art der Belebung der Fläche legt natürlich schon eine Beziehung zu Wormditt nahe.

Zusammenfassung

Dieser kurze Überblick, bei dem nur die wichtigsten Beispiele der figürlichen Terrakottabauplastik erwähnt werden konnten, lässt eine gewisse Entwicklung erkennen. Es ist auffällig, dass nur in der Frühzeit größere Dekorationsprogramme durchgeführt worden sind. Während zuerst noch der gebrannte Tonblock wie Haustein bearbeitet wurde, wie in Birgelau, machte man bald die Erfahrung, dass es einfacher war, aus dem nur getrockneten Block die Figuren herauszuschneiden. So kam man dann auch dazu, vollplastische Elemente in die Dekoration mit einzubeziehen. Die aufwendigste bauplastische Ausgestaltung, die uns überliefert ist, finden wir an der Marienburg, und zwar Ende des 13. Jahrhunderts.

Betrachtet man sämtliche Bauten mit Terrakottaplastik, so fällt auf, dass es im 13. Jahrhundert mit Ausnahme von Griffen nur Anlagen des Deutschen Ordens sind. Im 14. Jahrhundert ändert sich dies, es werden vermehrt vom Orden unabhängige Bauten ausgestattet. Außerdem besinnt man sich wieder auf backsteingemäße Produktion und stellt verzierte Ziegel seriell her. Zum anderen werden verstärkt andere Materialien herangezogen, wie die großen Dekorationsprogramme des 14. Jahrhunderts zeigen. Sie gehen einher mit dem Aufschwung und der Stabilisierung der Position des Deutschen Ordens in Preußen. Jetzt war cr in der Lage, Baumaterialien von weither zu beschaffen und auch Künstler, die diese bearbeiten konnten, in das Land zu holen.

Zu nennen sind die Portale der Annenkapelle der Marienburg, um 1340 aus Stuck gearbeitet, das um 1350 entstandene Nordportal der Pelpliner Klosterkirche aus Kunststein und die Westvorhalle des Frauenburger Doms, die sowohl Maßwerkdekorationen aus Terrakotta und einen Inschriftenfries mit dem Baudatum 1388 zeigt, aber auch wahrscheinlich von gotländischen Steinmetzen gearbeitete Kalksteinportale; übrigens sind auch hier in den Archivolten die klugen und törichten Jungfrauen angebracht.

Im 15. Jahrhundert geht die figürliche Bauplastik in Preußen sehr zurück. Während der Deutsche Orden in seinem Herrschaftsbereich eingeschränkt und zurückgedrängt wird, gewinnen die Städte an Einfluss. Vor allem Danzig übernimmt die Führung, auch in der Bauplastik.

Bislang ist es noch nicht gelungen, die Handwerker der frühen Zeit, also des 13. und vom Anfang des 14. Jahrhunderts, zu identifizieren, die die Bauplastik aus Terrakotta hergestellt haben. Wir wissen, dass Ende des 14. und im 15. Jahrhundert Steinmeister Werkstätten leiteten, an denen Steinhauer und Steinknechte mitarbeiteten. Diese Meister waren Mitglieder des Ordens, nebenher unterhielt der Orden aber auch seine eigenen Handwerker.[34] Allerdings wurden für größere plastische Ausgestaltungen auch oft auswärtige Steinmetzen herangezogen. Für die Frühzeit ist dies jedoch nicht bekannt, man kann zwar Werkstattgruppen feststellen, aber dennoch weiß man nicht, woher der Handwerker kam, ob er Ordensbruder war und wie die Herstellung von Bauplastik ablief.

---

[34] Vgl. Tadeusz Jurkowlaniec, Gotycka rzezba architektoniczna w Prusach, Wroclav 1989, S. 260 und Schmid, (wie Anm. 10, S. 16).

Abb. 1: Birgelau, Burgportal

Abb. 2: Marienburg, Goldene Pforte, törichte Jungfrauen

Abb. 3: Griffen, Dorfkirche, Terrakottafiguren der Westfassade

Abb. 4: Wormditt, Pfarrkirche, Fries II

AKTUELLE RESTAURIERUNGSPROBLEME AN DER ST. JOHANNISKIRCHE ZU DORPAT/TARTU

Lindy Piiri

Die St. Johanniskirche in Dorpat/Tartu ist einer der ältesten, wenn nicht der älteste Sakralbau Estlands und ein bedeutendes mittelalterliches Architektur- und Geschichtsdenkmal. Nach der Meinung des ehemaligen Professors für Kunstgeschichte der Universität Dorpat/Tartu - Voldemar Vaga - ist diese Kirche ohne Zweifel ein einmaliger Vertreter der mittelalterlichen Backsteingotik in ganz Nordeuropa. Die Aufmerksamkeit muss man auf ihre Architektur, mehr aber noch auf die zahlreichen Terrakotten lenken.[35] Kaur Alttoa, Professor für Kunstgeschichte an der Universität Dorpat/Tartu, behauptet, dass es in der gesamten europäischen Gotik kein anderes Bauwerk gäbe, das mit der St. Johanniskirche hinsichtlich der Zahl der dort vorhandenen Plastiken, ihrer Ausmaße und ihrer künstlerischen Ausführung auch nur annähernd verglichen werden könnte. Die St. Johanniskirche ist seit jeher eng mit der Geschichte der Universität Dorpat/Tartu verbunden. In dieser Kirche hat die feierliche Einweihungszeremonie der im Jahre 1632 vom schwedischen König Gustaf II. Adolf gegründeten Academia Gustaviana stattgefunden. Ebenso haben bei den Wiedereröffnungen der Universität 1690 und 1802 dort entsprechende Feierlichkeiten stattgefunden.

---

[35] V. Vaga, Das Problem der Raumform in der mittelalterlichen Baukunst Lettlands und Estlands. in: Wissensch. Verhandlungen der Staatl. Univ. zu Tartu. Tartu 1960, S. 35-62/ Russisch.

Die Geschichte der Kirche ist lang und kompliziert. Nach den archäologischen Ausgrabungen in ihrem Innenraum und in ihrer nächsten Umgebung wird vermutet, dass sie bis zum Ende des 12. oder bis zum Anfang des 13. Jahrhunderts zurück reicht. Folglich wäre hier schon vor der Eroberung durch deutsche Kreuzritter und der planmäßigen Christianisierung ein früher Stützpunkt des Christentums in Gestalt einer einfachen Holzkirche oder eines Steingebäudes gewesen. Die meisten mit der Kirche verbundenen archäologischen Materialien sind bis heute nicht gründlich durchgearbeitet und deswegen bisher auch nicht veröffentlicht.

Die St. Johanniskirche hat ebenso wie die Stadt durch Kriege, Brände und Verwüstungen sehr gelitten. Das Gebiet von Dorpat/Tartu war schon seit der Steinzeit besiedelt, hier befand sich eine alte Festung der Esten. Die strategische und wirtschaftliche Lage von Dorpat/Tartu ist sehr günstig. Wer Estland erobern wollte, musste zuerst Dorpat/Tartu einnehmen. Nach der Eroberung durch deutsche Kreuzritter wurde aus Dorpat eine reiche und schöne Hansestadt. Am schwersten sind die Kirche und die Stadt in zwei Kriegen zu Schaden gekommen. 1704 eroberte der russische Zar Peter I. während des Nordischen Krieges Dorpat. Das brachte große Vernichtungen mit sich.

Völlige Verwüstung brach im Jahre 1708 aus, als im Februar alle Bürger, die die deutsche Nationalität besaßen, nach Russland verbannt wurden und auf Befehl des Zaren begonnen wurde, die Stadt zu plündern und systematisch zu vernichten. Alles Wertvolle wurde eingesammelt, darunter auch die Turmglocke und die Orgel der St. Johanniskirche und nach Russland befördert. Am 12. Juli desselben Jahres wurde damit begonnen, das von einer Stadtmauer umgebene Stadtzentrum zu sprengen und abzubrennen. Man sprengte die Stadtmauer, die Festungen, das Bischofsschloss, man brannte die Kirchen ab. Als die letzten russischen Truppen am 17. Juli in Richtung Pskow fortzogen, lag das mittelalterliche Dorpat in rauchenden Trümmern und war völlig vernichtet.[36]

Bei den Sprengungen wurden die Gewölbe des Mittelschiffes und des Chores der Kirche vernichtet. Offenbar stürzte dabei der obere Teil des Turmes auf das Langhaus. Es gab noch weitere Schäden. Die St. Johanniskirche wurde in den Jahren 1719-1721 wieder aufgebaut. Während des 2. Weltkrieges wurde die Kirche völlig zerstört, als Dorpat/Tartu zweimal, in den Sommern 1941 und 1944, Kriegsschauplatz war und 40% der Stadt in Trümmern lag. Der 25. August 1944 war der Tag, an dem die St. Johanniskirche während der Kampfhandlungen völlig niederbrannte. (Abb. 1) Stehen blieben nur die Mauern, von denen der mittlere Teil des Nordschiffes im Jahre 1952 völlig einstürzte. Eine Menge Terrakotten, die auf der Mauer gestanden hatten, waren damit zerstört. Diejenigen, die unbeschädigt blieben oder nur teilweise zerstört wurden, sind bis heute erhalten. Nach Meinung von Professor Vaga[37] sind in der Kirche durch die Rekonstruktion und Renovierung in den Jahren 1820-1830 mehr Schäden entstanden als in den Kriegen und durch die Brände. Viele architektonische und skulpturale Details wurden zerstört, zum Teil einfach abgemeißelt. Die nächste große Renovierung war in den Jahren 1899-1907, als die die Kirche auch von außen bedeckende Stuckschicht entfernt wurde. Darunter wurde eine ganze Menge von versteckten skulpturalen Terrakottaverzierungen gefunden. Die Terrakotten im Inneren der Kirche kamen erst nach dem letzten Brand der Kirche zum Vorschein. (Abb. 2) In diesem Jahr liegt die Johanniskirche seit fünfzig Jahren als Ruine in der Gewalt der Naturmächte.

---

[36] P. Treiber, Die Stadt Tartu im XVIII. Jahrhundert (in den Jahren 1704-1800) in: Tartu 1927, S. 98-119/Estnisch.

[37] V. Vaga, (wie Anm. 35)

Mit den architektonischen und baulichen Untersuchungen hat man sich mehr oder weniger seit Anfang der 60er Jahre beschäftigt. In den 80er Jahren wurde gründlicher mit den Vorbereitungsarbeiten für den Wiederaufbau der Kirche begonnen. 1986 entwickelte Architekt K. Aluve ein Wiederaufbauprojekt für die Kirche als Konzertsaal. Endlich war es so weit, dass 1989 polnische Restauratoren mit Befestigungsarbeiten des Fundamentes begannen. Ihre Tätigkeit endete wegen der Veränderung der politischen Lage im Baltikum und in Polen. 1991 wurde beschlossen, die Kirche mit der Funktion eines Gotteshauses wieder aufzubauen und möglichst getreu ihrer mittelalterlichen Gestalt. Im November 1991, nach dem Weggang von PKZ*, setzte die Firma „Wunibald" der Evangelisch-Lutherischen Kirche Estlands die Arbeiten fort und daraus entwickelte sich später die Firma „Stinger".[38] Diese Firma ist bis heute bei dem Wiederaufbau der St. Johanniskirche tätig. Dem Beginn der Arbeiten der polnischen Firma PKZ gingen während mehrerer Jahre gründliche archäologische Ausgrabungen und architektonische, bauliche und kunstgeschichtliche Untersuchungen voraus, die wir bereits erwähnt haben. 1992 wurde in Dorpat/Tartu zur Unterstützung der Wiederaufbau- und Restaurierungsarbeiten eine Stiftung der St. Johanniskirche gegründet.

Der Zustand der Kirche ist in den letzten Jahren beträchtlich schlechter geworden, aufgrund der verstärkten Verfallprozesse des Ziegelmaterials und der Terrakottafiguren durch die Witterung und das Einsinken der Fundamente, wodurch die Entstehung von Rissen verursacht wurde. Mit dem Dach bedeckt sind nur der Turm und die Seitenkapellen gewesen. (Abb. 3 und 4) Der übrige Teil ist die ganze Zeit ohne Dach

---

[38] K. Alttoa, Die Johanniskirche in Tartu/Dorpat. Stiftung der Tartuer Johanniskirche 1994. Ausgabe der Estnischen Gesellschaft für Denkmalpflege.

* PKZ-Polnische Restaurierungs Gruppe.

gewesen und war der zerstörenden Wirkung des Wassers und Eises ausgesetzt. Auf die Ziegelwände und besonders auf die Terrakotten hat die große Luftverschmutzung des Stadtzentrums (Abb. 5) nachteilig eingewirkt, die bisher wegen der Steinkohleheizung (SO_2) der Häuser sehr stark war. Auch der Autoverkehr ist im Stadtzentrum verhältnismäßig dicht und leistet seinen Anteil an der Luftverschmutzung (NO_x).

Die bisherigen Arbeiten, die an der Kirche unternommen wurden, sind ausschließlich mit baulichen Problemen verbunden gewesen - Bau der Abstützungssysteme, Befestigung der Fundamente, Aufstellung der Zwischenböden des Turmes. Im vorigen Sommer wurde auf den Teil des Chores ein metallener Dachstuhl gesetzt, aber es gibt noch kein Dach. Im August 1993 begann man mit der Befestigung des Kirchturmes. (Abb. 6) Das mittelalterliche Turmfundament wurde völlig entfernt. Das zweischichtige Balkenrost aus Kiefernholz und das auf dem Rost gelegene Steinfundament wurde durch 180 zementgefüllte Eisenrohre ersetzt, die tief in den Untergrund gedrückt wurden. Inzwischen ist die nötige Zahl von Metallstützen befestigt. Zur Zeit werden mit Spezialmethoden Wände und andere Bauteile, die nicht zu entfernen sind, befestigt. Im Rahmen des Wiederaufbaus der Kirche werden zuerst Befestigungsarbeiten durchgeführt und danach wird der Bau mit dem Dach bedeckt, dass den Bau vor Niederschlägen schützen soll. Zuerst muss man den Verfall des Baus stoppen - erst danach kann mit der Renovierung und Erneuerung der fehlenden Teile und dem Restaurieren der vorhandenen begonnen werden. (Abb. 7)

Die Durchführung der Befestigungsarbeiten der Kirche ist sehr kostspielig und verlangt viel Geld. Deswegen ist die Firma, die die Arbeiten durchführt, interessiert, dass ihnen die vom Staat gegebene Summe maximal zur Verfügung steht. Auf der anderen Seite müssen bei einem Objekt wie der St. Johanniskirche parallel zu diesen Arbeiten mehrere archäologische und architekturarchäologische Unterschungen durchgeführt werden. Diese Untersuchungen brauchen ebenso Geld, und die kann man nicht unbeendet lassen. Dazu verpflichtet ein jetzt in Estland im März 1994 eingebrachtes Gesetz zum Denkmalschutz.

Zum Zusammenstellen eines Restaurierungsprojektes auf dem heutigen Niveau ist vorerst die Restaurierungskonzeption auszuarbeiten. Das heisst, was man zusammengefasst zu erreichen versucht und was man machen muss, um dieses Ziel zu erreichen. Bei der St. Johanniskirche sind zum Erreichen von Lösungen der aufgestellten Probleme nötig: 1. Konservieren, 2. Restaurieren und 3. Renovieren, d.h. Neuaufbau der völlig zerstörten Teile des Baus zusammen mit den zu diesen Teilen gehörenden Gegenständen (z.B. Terrakotten). Rolf Wihr erwähnt in seinem bekannten Handbuch[39] „Bei allen Maßnahmen hat zunächst die Konservierung, die Erhaltung und Sicherung aller alten, noch vorhandenen Substanz, im Vordergrund zu stehen. Sie ist deshalb am wichtigsten, weil oft Material erhalten werden muß, dessen Zerfall nicht aufzuhalten ist und das rettungslos verloren zu sein scheint". Und weiter „Ist Zweck der Konservierung die reine Erhaltung des gefährdeten Objektes mit allen dazu notwendigen Arbeitsgängen, so ist die Restaurierung erst eine auf der Konservierung aufbauende Maßnahme". Für das Abfassen der Restaurierungskonzeption ist es nötig, vorher die nötigen Voruntersuchungen zu machen, darunter auch naturwissenschaftliche Voruntersuchungen, zu denen chemische und physikalisch-chemische quantitative Analysen gehören. Wenn man bisher für Archäologie doch das Geld bekommen hat, so hat man für chemische Analysen keine Summen gefunden. Noch mehr - in keinem von den bisherigen Projekten sind die Arbeiten auf diesem Gebiet vorgesehen. Untersuchungen,

---

[39] R. Wihr, Restaurierung von Steindenkmälern, München 1986.

die als Basis für die Konservierung und Restaurierung der Kirche auf dem modernen Niveau nötig wären, sind bisher praktisch nicht durchgeführt. Ein sehr kleiner Teil der nötigen Untersuchungen ist schon gemacht worden dank einiger Sponsoren und der Universität Dorpat/Tartu. Übrigens kommt es öfter vor, dass bei uns in Estland auf die naturwissenschaftlichen Voruntersuchungen nicht die nötige Aufmerksamkeit gerichtet wird. Dass das Zerstören des Alten und das Errichten von etwas Neuem an dieser Stelle als Restaurieren bezeichnet wird - ist auch nicht selten. Das Denkmalschutzgesetz musste auch hier Ordnung schaffen. Die Baufirmen, die sich klangvoll als Restauratoren bezeichnen, haben oft keine Ahnung, was heute unter Konservieren und Restaurieren zu verstehen ist. Meistens fehlt für solche Arbeit die Vorbereitung auf dem nötigen Niveau. Das Hauptziel ist, Geschäfte zu machen. Mit den Fragen zu dem Restaurieren der wichtigen Objekte hat man sich oft an ausländische Spezialisten gewandt. Man hat mit erfahrenen ausländischen Firmen zusammengearbeitet wie jetzt an der St. Johanniskirche - die Befestigungsarbeiten werden zusammen mit einer finnischen Firma durchgeführt.

Die Meinung, dass wir mit Voruntersuchungen beginnen werden, wenn das Notwendigste gemacht ist und der Bau unter Dach ist, ist schon im Prinzip ein falscher Standpunkt. Der Verfall der Terrakotten, des wertvollsten Teils der Kirche, nimmt zu, und es ist nicht denkbar, noch einige Jahre zu warten, bevor etwas unternommen wird.

Die St. Johanniskirche ist ein unikaler Bau. Unikal ist alles das, was mit ihr geschehen ist und was geschieht. Unikal ist das Material, woraus sie gemacht ist, unikal ist das Klima in dem sie sich befindet, die Verschmutzung und die Prozesse, die mit ihr geschehen. Es fehlt uns analoges Vergleichsmaterial, wir können hier keine Säuberungs-, Konservierungs-, Restaurierungsmethoden benutzen, bevor die nötigen Analysen gemacht worden sind: Ausarbeitung von passenden Säuberungs-,

Konservierungs- und Restaurierungsmethoden oder genaues Überprüfen andernorts benutzter Methoden. Es ist höchst naiv zu meinen, dass irgendwo fertige Rezepte schon vorhanden sind, die man in einigen Jahren auf Schritt und Tritt benutzen kann. Das alles verlangt Zeit, schöpferische Arbeit und natürlich auch Geld. Diese Arbeit kann man nicht mehr in die Länge ziehen, wie man das bisher getan hat.

Am Institut für Organische Chemie der Universität Dorpat/Tartu, wo auch Chemiker-Restauratoren vorbereitet werden, wurde 1992 eine Diplomarbeit geschrieben und verteidigt, die die chemische Zusammensetzung der Glasuren der St. Johanniskirche behandelte. Dank der Sponsoren und des Vereins für Estnischen Denkmalschutz konnte ich am Ende des Jahres 1992 und im Frühling des Jahres 1993 dasselbe Problem mit heutigen modernsten Methoden in Finnland an der Universität Oulu weiter untersuchen.

Ergebnisse der Arbeit sind veröffentlicht und weitere sind noch zu veröffentlichen. Ebenso hatte ich die Möglichkeit, mit Unterstützung des Nordländischen Fonds im August 1993 am Konservierungsinstitut an der Universität Göteborg im Rahmen der Summer Academy mit dem Thema „Air Pollution and Conservation" teilzunehmen.

Äußerst wichtig war der Aufenthalt im November 1993 in Stuttgart am Otto-Graf-Institut, der dank des Entgegenkommens des Institutes und der energischen Organisierungsarbeit eines Enthusiasten der Restaurierung der St. Johanniskirche, Herrn Hardy Engelbrecht, und dank der Hilfe und Unterstützung seiner Gleichgesinnten in Deutschland, verwirklicht wurde.

An diesem kompetenten Institut konnte man sich mit heutigen neuesten Untersuchungsmethoden vertraut machen, die beim Lösen der oben erwähnten Probleme gebraucht werden. Es war möglich, einen Überblick über die neuere Fachliteratur zu bekommen und die Analysen der Materialproben von der St.

Johanniskirche praktisch durchzuführen. Es wurden der Typ der Verschmutzung auf den Außenwänden der Kirche und die Säuberungsmöglichkeiten untersucht. Offensichtlich ist ein Modus am produktivsten, bei dem einige Analysen und Untersuchungen bei uns in Dorpat/Tartu durchgeführt werden und der Teil von der Arbeit, der die teure Apparatur benötigt, die wir nicht haben als Zusammenarbeit im Ausland durch geführt wird. Das oben erwähnte Otto-Graf-Institut war einverstanden, auch ferner uns zu helfen und mit uns zusammenzuarbeiten. Zu lösen sind dabei natürlich die finanziellen Probleme. In diesem Jahr hat die Universität Dorpat/Tartu die Möglichkeit gefunden, das von uns vorgelegte Untersuchungsprojekt für die St. Johanniskirche zu unterstützen.

Die St. Johanniskirche ist vom Standpunkt der Untersuchung der Geschichte der technologischen Seite des Bauwesens ein sehr wichtiges Objekt in Estland. Hier bekommen wir entsprechende Informationen aus jahrhundertelanger Zeitperiode über die Materialien, die in verschiedenen Bauetappen benutzt worden sind, über ihren Bestand, ihre Eigenschaften, Anfertigung u.a. Besonders wichtig ist, für die folgenden Untersuchungen aus den Teilen der Kirche Proben zu nehmen, die während der Wiederaufbauarbeiten zerstört wurden, z.B. aus der Umgebung des Turmfundamentes u.a. Wesentliche Probleme tauchen mit dem Beginn des Wiederaufbaus der zerstörten Teile der Kirche auf. Architekt Udo Tiirmaa, der die bauliche Seite der Kirche gründlich untersucht hat, gibt in seinem Artikel einen Überblick über die glasurbedeckten und nicht glasurbedeckten Profilziegel.[40] Die Zahl der Varianten ist sehr groß und von der Gestaltung her vielseitig. Außerdem ist die Zahl von speziellen Ziegeln mit verschiedenen Maßen sehr

---

[40] Udo Tiirmaa, Über Formziegel der St. Johanniskirche zu Tartu. in: Tartu - Vergangenheit, Gegenwart. Tallinn 1985, S. 71-86/Estnisch.

groß. Die kann man nicht industriell herstellen, sondern nur handwerklich. Hierher muss man auch das Anfertigen von zahlreichen großmaßstäblichen Terrakotten zählen, von denen jede ein Kunstwerk darstellen muß. Dafür ist es notwendig, einen eigenen kleinen Produktionsbetrieb zu gründen. Die polnischen Restauratoren begannen bei Dorpat/Tartu, auf einem Platz der alten Ziegelindustrie, mit der Gründung einer solchen Keramikfabrik, die für den Wiederaufbau der Kirche notwendig ist. Das aber blieb unvollendet und ist jetzt nicht mehr vorangeschritten. Es wird nur gestritten, aber die Ernsthaftigkeit des Problemes hat man nicht verstanden. Für die Durchführung von Mauerarbeiten braucht man Ziegel und Kalkmörtel von guter Qualität. Mit Ziegeln von nicht guter Qualität und Zementmörtel kann man bei einem solchen Bau nichts machen. In dieser Hinsicht haben wir sowohl in Estland als auch anderswo hinreichend schlechte Erfahrungen gemacht. Es ist Zeit, auch darauf zu achten.

Dies sind kurz die wesentlichen Probleme, von deren Lösung die architektonische, kunsthistorische und bauliche Qualität der wieder aufgebauten St. Johanniskirche und ihr Platz unter Kulturdenkmälern in Europa abhängt.

Abb. 1: Blick in den Chorraum
der St. Johanniskirche zu Dorpat

Abb. 2: Die Südwand mit den Terrakotta-Figuren

Abb. 3: Die Chorseite

Abb. 4: Die Nordseite der St. Johanniskirche

Abb. 5: Die Südseite der St. Johanniskirche

Abb. 6: Der Turm der St. Johanniskirche zu Dorpat

Abb. 7: Das Hauptportal der St. Johanniskirche zu Dorpat

TIERSYMBOLIK IN DER MITTELALTERLICHEN MONUMENTALKUNST ESTLANDS

Katrin Kivimaa

Der mittelalterliche Mensch hat sowohl die Bibel als auch die ganze Welt vom Standpunkt der christlichen Sittenlehre interpretiert. Alle Objekte, Wesen und Erscheinungen in seiner Umgebung hat er den allgemeinen Moralkategorien unterworfen. Die Symbolik des Mittelalters ist ebenfalls der Hierarchie der allgemeingültigen Werte untergeordnet. Somit ist das mittelalterliche Symbol ethisch genommen nicht neutral: Es nimmt auf der Werteskala eine gewisse Stelle ein und hat entweder eine negative oder positive Bedeutung.

Besonders wichtig wurde die moralisierende Betrachtungsweise in der Zeit der Gotik.[41] Die ganze mittelalterliche Welt, alle Wesen, Erscheinungen usw. waren in den generellen Kampf zwischen dem Guten und dem Bösen einbezogen, wobei der Gute das Himmelreich „civitas Dei" sein eigen nannte, den bösen Mächten gehörte aber das sich dem Besitztum des Satans „civitas diaboli" ähnelnde irdische Reich „civitas terrend".[42] Eines der Ziele der mittelalterlichen lkonographie war die Abbildung dieses Kampfes zwischen dem Guten und dem Bösen, wobei den Darlegungen ein gewisser moralisierender Unterton hinzugefügt wurde. Den Kampf zwischen den gegensätzlichenguten und bösen Mächten, den Tugenden und Lastern widerspiegelt auch die Tiersymbolik.

---

[41] G.Le Goff, Tsivilisatsija srednevekovogo zapada. Die Zivilisation des mittelalterlichen Westens. Moskau 1992, S. 327.
[42] Siehe: A. Gurevitsch, Keskaja inimese maailmapilt. Weltanschauung des mittelalterlichen Menschen. Tallinn 1992, S. 52.

Aufgrund der mittelalterlichen Weltanschauung war es möglich, mit der Hilfe von Tieren und allem Geschaffenen, die darin enthaltene göttliche Botschaft weiterzugehen. Nach dem französischen Theologen und Mystiker Hughues de Saint-Victor war die Welt ein von Gott geschriebenes Buch, worin ein jedes Wesen ein bedeutsames Wort war.[43] Bei der Öffnung des konkreten Inhalts der Tiersymbolik sind uns die Bestiarien behilflich - Sammlungen phantastischer Tiergeschichten, die im Mittelalter insbesondere unter dem Volke in den volkstümlichen Varianten eine enorme Popularität genossen haben. Der Einfluss der Bestiarien auf die „speculum morale" der mittelalterlichen Kunst verstärkte sich besonders nach der Anwendung jener allegorischen Tiergeschichten im Predigtenbuch „speculum ecclesiae" von Honorius Augustodunensis.[44] Seine jede Predigt be gann Honorius entsprechend der Kirchenfeier mit einer passenden Episode aus dem Leben Christi, danach setzte er mit einem parallelen Ereignis aus dem Alten Testament fort und zum Schluß brachte er Symbole aus der Natur.

Bei der Darstellung der Tiere in der mittelalterlichen Kunst diente außer den Bestiarien auch die Bibel als Grundlage. Dem Sinn nach konnten die Bedeutungen der Tiere unterschiedlich, teils sogar entgegengesetzt sein - daher der zweierlei symbolische Charakter vieler Tiere. Die für das Mittelalter typische paradoxale Denkweise wird durch die ständige Anwendung dieser Symbole mit gegensätzlicher Bedeutung veranschaulicht.

In der estnischen Steinbildnerei des Mittelalters haben sich mehrere Darstellungen von Tieren erhalten, sowohl in den größeren Kompositionen als auch in Gestalt von Einzelfiguren. Im vorliegenden Beitrag wollen wir nur auf größere programmati-

---

[43] E. Mäle, The Gothic Image. Religious Art in France of the Thirteenth Century. New York, London 1958, S. 29.
[44] Ebenda, S. 45.

sche Zyklen eingehen, die den moralisierenden Inhalt der Tierornamentik wiedergeben. Eine der frühesten Kompositionen befindet sich am Hauptportal des Dominikanerklosters zu St. Katharinen in Reval/Tallinn. Die Datierung der Arbeit ist recht problematisch. Zuletzt stellte V. Raam dieses Hauptportal in die Mitte des 14. Jahrhunderts.[45] Es handelt sich hier um ein Trichterportal, dessen Kämpfer geradlinig läuft, wie es für Reval typisch war. Sowohl am rechten als auch am linken Kämpfer befinden sich stark beschädigte Tierreliefs. (Abb. 1). Von den am linken Kämpfer gestandenen laufenden Tierfiguren hat sich nur die am linkesten erhalten, die einen in Richtung des Kircheneingangs rennenden Hund darstellt. Am rechten Kämpfer schreiten einer nach dem anderen drei vogelartige Drachen (Vogel-Drachen) (Abb. 2) mit Schlangen im Mund. Vor ihnen, in der unmittelbaren Nähe der Tür, kann man die halbverwischte Figur eines Löwen beobachten. Am Innenrand des Portals, am oberen Rand des Kämpfers, befindet sich eine schwer identifizierbare Figur, die sowohl für eine Taube als auch für einen Vogel-Drachen gehalten worden ist.[46] Diese Figur ähnelt doch am meisten einer rastenden Taube. Wahrscheinlich stand eine analoge Gestalt, heute fast völlig verwischt, auch am rechten Kämpfer.[47]

Am Kämpfer mit dem laufenden Hund wurde offenbar die besonders in der mittelalterlichen Kunst der nordischen Länder

---

[45] Eesti arhitektuur 1. Tallinn 1993, S. 270. In der Monographie über das Dominikanerkloster setzt E. Tool-Marran das Hauptportal, in die 2. Hälfte des 14. Jahrhunderts (E. Tool-Marran, Tallinna dominiiklaste klooster. Tallinner Dominikanerkloster. Tallinn 1971, S. 101).

[46] E. Tool(Marran) schreibt in seinem Beitrag von einer Taube (Tool, E. Dominiiklaste kloostri kiriku portaalid. Die Portale des Tallinner Dominikanerklosters. - Kunst 2/1960, S. 50). Später kommt Sie auf einen geflügelten Drachen zu sprechen (Tool-Marran, S. 96).

[47] E.Tool-Marran, S. 94, (s.auch Anm. 45).

so beliebte Szene der sogenannten wilden Jagd dargestellt.[48] Darin stellte man gewöhnlich entweder einen Jäger mit den einem Wild nachsagenden Hunden dar oder sogenannte gute Tiere, die von bösen Tieren gehetzt werden. Eine wilde Jagd symbolisierte die Verfolgung von Tugenden durch die Laster und gehörte somit in den Bereich des irdischen Reiches.[49] Gewöhnlich stellte man einander gegenüber eine wilde Jagd und eine Szene der sogenannten Paradiesruhe, die das Himmelreich vertrat. Die Ruhe der Paradiese wurde in der christlichen Tiersymbolik eben durch die Taube symbolisiert - vor allem bezeichnete sie den Heiligen Geist, war aber auch Symbol des Friedens („Pax"), der Hoffnung („Spes"), der Eintracht („Concordid") und anderer christlichen Tugenden.[50]

Im Zusammenhang mit den Dominikanern erhält das Jagdmotiv aber auch eine andere Bedeutung: Der Hund war ja das Sinnbild des Stifters des Ordens - der heilige Dominicus - und im breiteren Sinne das Symbol der Dominikaner überhaupt. Nach einer Legende habe die Mutter von Dominicus geträumt, dass sie in ihrem Leib einen Wolf mit einer brennenden Fackel im Mund träge. Dieser Traum habe die künftige Größe des Kindes als Kämpfer für den christlichen Glauben vorausgesagt. DasEntstehen einer solchen Legende ist direkt mit dem Hund, dem bekanntesten Sinnbild der bedeutendsten theologischen Tugend - des Glaubens („Fides") und der Glaubenstreue verbunden. Das Wortspiel - Dominikaner („dominicanes") - Hunde des Gottes („Domini canes") - überträgt dieses Symbol auf den ganzen Orden. Unter Berücksichtigung des Gesagten

---

[48]   A. Tuulse, Die spätinittelalterliche Steinskulptur in Estland und Lettland. - Suomen Muinaismuistoyhdistyksen Aikakauskirja, XLIX: 1. Helsinki 1948, S. 27.

[49]   Lexikon der christlichen lkonographie. Bd. 1-8. Rom, Freiburg, Basel, Wien, 1990 (=LCI). Bd. 2, S. 362.

[50]   Bei der Interpretierung der die Tugenden und Untugenden verkörpernden Tiersymbolik liegt hier und auch weiterhin der LCI zu Grunde.

kann der Hund am Hauptportal der Kirche des Dominikanerklosters die Dominikaner bezeichnen, die entweder den Ket-
zern oder dem Übel nachjagen. Unter den anderen bis heute
nicht erhaltenen Figuren, kann sich auch vermutlich ein Wolf
befunden haben bekannt als Sinnbild der Häretiker und des
Teufels.[51]

Die geschilderte Jagdszene nimmt trotz der traditionellen
Bedeutung der wilden Jagd einen positiven Inhalt an - der
Kampf der Dominikaner gegen die Ketzerei. Jedoch gehört
auch eine solche Jagd ja nicht ins irdische Reich, weshalb es
logisch ist, es der Szene der Paradiesruhe gegenüberzustellen.
Die letztere war offenbar am Innenrand des Hauptportals, in
Gestalt einer neben dem Weinstock rastenden Taube an der
linken Laibung des Kämpfers dargestellt.

Den am rechten Kämpfer dargestellten Löwen hat man als
Christus interpretiert, den Vogel-Drachen aber als Kämpfer
gegen Bosheit und Ketzerei - was die Schlangen im Mund der
Drachen verkörpern.[52] Und doch - die Aufgabe eines Löwen
über dem Hauptportal oder über der Tür war, das Bauwerk gegen die bösen Mächte zu schützen und zu hüten.[53] Diese erwähnte Symbolik war mit der in den Bestiarien vorkommenden
Legende verbunden, dass der Löwe mit geöffneten Augen
schläft. Hier könnte man noch hinzufügen, dass der Löwe das
Sinnbild einer der Haupttugenden - nämlich der Tapferkeit
(„Fortitudo") war. Die vogelartigen Drachen dagegen waren
gewöhnlich die Verkörperungen der bösen Mächte und des Satans. Es wäre logisch, den Löwen als den Verteidiger den Vogel-Drachen - Sinnbilder des Bösen - gegenüberzustellen, die
in die Kirche einzudringen versuchen. In der hiesigen Kompo-

---

[51] E. Tool-Marran, Portale, S. 50, (s. auch Anm. 46).

[52] E. Tool-Marran, S. 96, (s. auch Anm. 45).

[53] K. Künstle, lkonographie der christlichen Kunst. Bd.1-2. Freiburg im
      Breisgau, 1928, Bd. 1, S. 128; 1. Tetzlaff, Romanische Portale in Frank-
      reich. Köln 1982, S. 37.

sition scheinen sie jedoch mit dem Löwen zusammenzugehören. In diesem Fall könnten die Vogel-Drachen die Rolle des sogenannten negativen Verteidigers spielen, was den im Mittelalter verbreiteten Grundsätzen entsprechen würde „den Übel mit Übel vertreiben". Desto mehr, als sich am Portal nebenan ein vogelartiger Drache und monströse Masken befinden, die - wohl aus einer früheren Zeit stammend als die des Hauptportals eben diese Rolle zu spielen haben. Obwohl in der Gotik gewöhnlich keine monströse Fratzen oder andere Darstellungen negativen Inhalts an so eine sichtbare und heilige Zone wie das Hauptportal (Himmelspforte!) mehr gestellt wurden,[54] kann das mehr archaische Nebenportal als Vorbild für die Ikonographie des Hauptportals gewesen sein.

Aus dem Anfang des 15. Jahrhunderts[55] stammt das Bilderprogramm auf den Konsolen der Klosterkirche zu Padise. Der Formgestaltung nach unterscheiden sich die Reliefs der Konsolen von Padise völlig vom naturnahen Pflanzen- und Tierdekor der Portale der Dominikaner, indem sie ein ausdrucksvolles Beispiel von der Abflachung des Reliefs sind - typisch der damaligen estnischen Steinbildnerei.[56]

Die Tieromamentik in der Klosterkirche der Zisterzienser setzt uns ins Erstaunen: der Stifter des Ordens der Heilige Bernard de Clairvaux hatte sich ja entschlossen gegen die Darstellung im Interieur der Klosterkirche der in der romanischen Kunst so beliebten Tierfiguren eingesetzt. Das Verbot, Steinplastiken und Gemälde in den Gebäuden des Zisterzienserordens anzuwenden, war im Statut des Ordens von 1134 festgesetzt.[57] In Padise sind die Menschen- und Tierfiguren doch

---

[54] Tetzlaff, Portale, S. 153,(s. auch Anm. 53).
[55] Harju rajooni ajaloo ja kultuurimälestiesed. Hstorische und Kulturdenkinäler des Bezirkes Harju. Tallinn 1988, S. 64.
[56] Tuulse, Steinskulptur, S. 17, (s. auch Anm. 48).
[57] Siehe: W. Braunfels, Abendländische Klosterbaukunst. Köln 1985, S. 30.

recht zurückhaltend an die Konsolen hingestellt. Man muss auch nicht vergessen, dass das Kloster zu Padise in die Zeit des Niedergangs des Zisterzienserordens gehört, wenn die Einhaltung der Hausordnung und Bauregeln lockerer und nicht mehr so streng war.[58] An den Konsolen der Nordwand der Klosterkirche zu Padise hat man den Hauptinhalt der mittelalterlichen Sittenlehre - der Kampf zwischen den Tugenden („civitas Dei") und Lastern („civitas terrena/diaboli")- dargestellte.[59] An einer der Konsolen stehen zwei antithetisch dargestellte kämpfende Löwen, der eine mit dem kreuzförmigen Schwanzende vertritt deutlich das Reich Gottes, der andere das irdisch/satanische Reich. (Abb. 3) Die geschilderte Darstellung ist ein ausdrucksvolles Beispiel vom dualistischen Wesen des Löwen als Symbol. Neben dem guten Löwen befindet sich ein Einhorn mit einem lilienförmigen Schwanzende, das aufgrund der Legende des Bestiariums im Kampf zwischen Tugenden und Übel das Leittier der Tugendhaftigkeit/Reinheit („Castitas") war. So symbolisiert das nur mittel der Jungfrau zu fangende Einhorn in erster Linie Christus und seine Inkarnation, aber auch Maria, Oberhaupt die Jungfräulichkeit, Reinheit und Tugendhaftigkeit. Diese Bedeutung hat man ihm auch in Padise verliehen, wo auch alle übrigen Tiere Tugenden und Übel verkörpern. Das lilienförmige Schwanzende gehört ebenfalls zu den Sinnbildern der Reinheit und Tugendhaftigkeit.

An der anderen Seite der Konsole stellt man einen Hirsch und ein Schwein dar. Nach der Bibel kennt man den Hirsch als Sinnbild des Glaubensdurstes: „So wie ein Hirsch sich nach dem Quellwasser sehnt, so sehnt sich meine Seele nach dir, mein Gott!" (Ps. 42,2). Dieser Gedankengang und die Bestiarien weisen auf die Verbundenheit des Hirsches auch mit der

---

[58] V. Raam, Padise klooster. Kloster zu Padise. Tallinn 1958, S. 11.

[59] Sowohl V. Raam als auch A. Tuulse haben die Konsolenreliefs von Padise dergestalt interpretiert.

Taufsymbofik hin. Das Schwein, aus der Bibel bekannt als ein unreines Tier, verkörpert Laster, Bosheit und den Satan. Im vorliegenden Kontext kann man den durch den Hirsch darge-stellten Glaubensdurst der vom Schwein verkörperten Unrein-heit („Sorditag") und der Tugendlosigkeit („Luxurid") gegen-überstellen. Betreffs des Hirsches sollte noch die Taufsymbolik betont werden, die wir an einer anderen Konsole der Kloster-kirche zu Padise sehen.

An der mittleren Konsole ist ein Mannskopf mit Bart und Nimbus dargestellt, daneben steht ein Hund und hält einen Spiegel zwischen den Zähnen. An den Seiten der Konsole sieht man die Gestalten eines Affen, eines Hasen, eines Vogels auf einem Fisch sowie eine Männerfigur mit einem Gefäß.

Der vorher erwähnte Hund, das Sinnbild der Glaubens-treue, ermöglicht uns den Mannskopf an der Konsole zu identi-fizieren - er stellt den Stifter des Zisterzienserordens, den heili-gen Bernard de Clairvaux dar, dessen Kennzeichen der Hund ist, ähnlich wie in der Legende des heiligen Dominicus. Der Hund bezeichnet hier den Kämpfer für die Glaubensreinheit. Der Hund reicht dem Affen an der anderen Seite der Konsole einen Spiegel - das Sinnbild von Bernards Weisheit. Der Affe war in der mittelalterlichen Tiersymbofik bekannt als das Sym-bol der Dummheit. Auch Bernard selbst hat den Affen in dieser Bedeutung als Ebenbild der Dummheit verwendet.[60] Der Hase unterhalb des Affen ist bekannt als Sinnbild der Liederlichkeit und Feigheit. Von der rechten Seite der Konsole erhält Bernard ein durch eine Männerfigur gereichtes großes Gefäß, welches als Behälter des heiligen Wassers, das den Glaubenskampf be-zeichnet, interpretiert worden ist.[61] Ähnlich wie auf der vorigen Konsole der Hirsch, der nach dem Wasser durstet, kann auch

---

[60] Simia in tecto, rex fatuus in solio redens. Siehe: LCI, Bd. 1, S. 76.
[61] Raam Kaarma kirik. Ehitus ja sisustus. Die Kirche zu Karma. Bau und Ausstattmg. Tallinn 1971, S. 13.

mit dieser Darstellung hier die Taufsymbolik gedacht worden sein.[62] Ganz sicherlich stellen aber der Adler und der Fisch in der untersten Ecke der Konsole die allegorische Taufsymbolik dar. Zur Interpretierung des Adlers als Taufsymbol ist eine Legende aus den Bestiarien behilflich, die erzählt, wie der Adler in die Sonne fliegt, seine alten Flügel und matten Augen verbrennt, danach in einer Quelle badet und wieder jung wird. Der Fisch, wahrscheinlich eines der älteren Sinnbilder in der christlichen Kunst, bezeichnet hier offenbar einen Gläubigen, der vom Adler zur Taufe und dadurch zum neuen Leben geführt wird.[63]

Im Zusammenhang mit der moralisierenden Ornamentik in der Klosterkirche zu Padise weist A. Tuulse auf das Vorhandensein eines entsprechenden Manuskriptes hin, was vermutlich eben aus dem Kloster zu Padise stammt.[64] Das Manuskript, heute im Tallinner Stadtarchiv,[65] ist von einem anonymen französischen Zisterzienser oder Cartusienser geschrieben und gehört in die erste Hälfte des 13. Jahrhunderts.[66] Im ersten Teil des Manuskriptes - im theologisch-moralischen Traktat - trifft man öfters Vergleichungen mit Tieren. Ob dieser Text als Grundlage für konkrete Darstellungen gedient hat, bedarf noch einer tieferen Untersuchung.

Das ikonographische Programm des Kampfes zwischen dem Guten und dem Bösen in den Klosterkirchen sowohl der Dominikaner als auch zu Padise wird mit den Reliefs an den

[62] A. Tuulse, Steinskluptur, S. 22, (s. auch Anm. 48).
[63] Doering: Christliche Symbole. Leitfaden durch die Formen- und Ideen- welt der Sinnbilder in der christlichen Kunst. Freiburg im Breisgau 1933, S. 77.
[64] Tuulse, Steinskulptur, S. 23, (s. auch Anm. 48).
[65] Tallinner Stadtarchiv, F. 230, Verz. 1, Nr. 11 -Cm3.
[66] F. Koehler, Ehstländische Klosterlectüre. Ein Beitrag zur Kenntnis der Pflege des geistigen Lebens in Ehstland im Mittelalter. Reval 1892, S. 14, 16.

Pfeilern der Kirche zu Kaarma aus der ersten Hälfte des 15. Jahrhunderts fortgesetzt,[67] die eine traditionelle wilde Jagd und Szenen der Paradiesruhe darstellen. An der Base des mittleren Pfeilers der Kirche stößt ein Jäger in ein Horn und jagt mitsamt zwei Hunden nach einem Fabelwesen, das als Einhorn zu identifizieren ist. Die Einhornjagd kann als allegorische Inkarnation von Christus interpretiert werden - gemäß der in den Bestiarien vorkommenden Legende vom Einfangen des Einhorns mit der Hilfe einer Jungfrau. Es scheint jedoch, dass die einfache Interpretierung - die Verfolgung der Tugenden durch die Übel - logischer ist. Auf diese Weise läßt sich die Jagd nach dem Einhorn besser mit den übrigen Tieren in Verbindung bringen, die hier eben solche Ideen illustrieren. Das Einhorn ist das Sinnbild der Tugendhaftigkeit („Castitas"), der Jäger und die Hunde bezeichnen die bösen Mächte.

Weiter sehen wir an der Basis zwei antithetisch gestellte kämpfende Wesen, von denen das eine ein Löwe ist, das andere aber ein Fabeltier mit dicken Beinen, einem langen gedrehten Schwanz und einem aus dem Mund hervorragenden Horn ist. A. Tuulse interpretiert diesen Kampf als eine allgemeine Auseinandersetzung zwischen dem Guten und dem Bösen.[68]

Die wilde Jagd setzt sich fort mit der Darstellung von den einem Hirsch nachsagenden Tieren, die man als (Wild) Schwein und Wolf (oder Hund) identifiziert hat.[69] (Abb. 4) Wie wir schon vorher gesehen haben, kann der Hirsch den Glaubensdurst symbolisieren, aber eine Hirschjagd kann auch als eine Verfolgung der Gläubigen durch Laster und Übel verstanden werden. [70] Das Schwein und der Wolf gehören in der christlichen Symbolik in die unterste Hierarchiestufe: das erste

---

[67] V. Raam, Kirche, S.2, (s. auch Anm. 61).

[68] A. Tuulse, Steinskulptur, S. 28, (s. auch Anm. 48).

[69] Ebenda, S. 26.

[70] LCI, Bd. 2, S. 288.

ist das Sinnbild der Untugend und Unreinheit, der andere symbolisiert Bosheit, den Satan und viele Übel. V. Raam hat hier den Hirsch den Elch genannt und ihn als ein Wesen bezeichnet, das den Jäger zu verleiten/verführen versucht.[71] Auch A. Tuulse meint, dass in der wilden Jagd der Hirsch die Aufgabe hat, den Schützen in die Hölle zu verlocken.[72] Und doch - in den Reliefs von Kaarma gehört der Hirsch kompositionell zu den ihn verfolgenden Wolf und Schwein, der Jäger aber zu den Hunden und dem Einhorn.

Einen Gegensatz zur wilden Jagd bildet das an der Basis des anderen Pfeilers dargestellte Relief mit der Szene der sogenannten Paradiesruhe. (Abb. 5) Sie wird durch zwei Tauben, die ein Herz im Schnabel halten, inmitten eines Weinstocks dargestellt. Taube, die verschiedene christliche Tugenden wie Friede, Hoffnung, usw. verkörpert, gehört gewöhnlich zu den Hauptkomponenten der paradiesischen Ruheszene. Herz, das die einander gegenübersitzenden Tauben im Schnabel halten, könnte die Seele eines geretteten Menschen bezeichnen.

Anhand der Basenreliefs der Pfeiler zu Kaarma - die Szenen der wilden Jagd und der Paradiesruhe - handelt es sich um eine programmatische Darstellung einer der einflussreichsten dualistischen Weltanschauung in der estnischen Steinplastik des Mittelalters.

Die betrachteten Kompositionen der estnischen Steinbildnerei geben eindrucksvoll den Hauptinhalt der mittelalterlichen dualistischen Mentalität - den Kampf zwischen dem Reich Gottes und dem Reich Satans, zwischen dem Guten und dem Bösen wider. Im Kampf der Tugenden und Untugenden veroffenbart sich eine der wesentlichsten Rollen der mittelalterlichen Kunst ein ethisch-moralischer Lehrer zu sein. Die Anwendung von Tiersymbolik zeigt die Fähigkeit des damaligen Menschen

---

[71] V. Raam, Kirche, S. 3, (s. auch Anm. 61).
[72] A. Tuulse, Steinskulptur, S. 27, (s. auch Anm. 48).

in der umgebenden Welt die Widerspiegelung des Reiches Gottes zu sehen. Auf diese Weise präsentiert die estnische mittelalterliche Steinplastik ähnlich der westeuropäischen Kunst einen Teil des damaligen Weltbildes und der Kultur überhaupt.

Abb. 1: Laufender Hund am linken Kämpfer des Hauptportals des Dominikanerklosters zu St. Katharinen in Reval

Abb. 2: Die Vogel-Drachen am rechten Kämpfer
des Hauptportals
des Dominikanerklosters zu St. Katharinen in Reval

Abb. 3: Konsole der Nordwand der Klosterkirche zu Padis

Abb. 4: Kämpfende Tiere an der Pfeilerbasis
in der Kirche zu Kaarma

Abb. 5: Die Paradiesruhe an der Pfeilerbasis
in der Kirche zu Kaarma

DAS HOCHALTARRETABEL DER NIKOLAIKIRCHE IN REVAL/TALLINN VON 1481

Anja Rasche

Das Hochaltarretabel der Nikolaikirche in Reval wurde bisher noch keiner eingehenden kunsthistorischen Untersuchung unterzogen. Dennoch hat es gerade in Reval sehr viel Aufmerksamkeit gefunden. Veröffentlichungen zum Retabel lassen sich bis 1841 zurückverfolgen.[73]

---

[73] Für diese Hinweise danke ich Jutta Keevalik (Tallinn). Wichtige Literatur zum Retabel: Theodor Schiemann, St. Nikolaus in Reval. Ein Bild aus dem kirchlichen Leben des XV. Jahrhunderts. in: Preussische Jahrbücher Bd. LIX (1887), S. 581-595; Gotthard Hansen: Die Kirchen und ehemaligen Klöster Revals. Reval 3. Auflage 1885, Ndr. Hannover 1973; Wilhelm Neumann: Die Werke mittelalterlicher Holzplastik und Malerei in Liv- und Estland. Lübeck 1892; R. Hausmann, Der Silberschatz der St. Nikolaikirche zu Reval. in: Mittheilungen aus dem Gebiete der Geschichte Liv-, Est- und Kurlands. XVII (1900), S. 213-376; Eugen von Nottbeck und Wilhelm Neumann, Geschichte und Kunstdenkmäler der Stadt Reval. 2 Bände. Reval 1904, Ndr. Hannover-Döhren 1973; Sten Karling, Medeltida Skulptur i Estland. Göteborg 1946; Villem Raam, Gooti puuskulptuur Eestis. Tallinn 1976; N.G. Bregman, Podslojnyj risunok v altare Chermena Rode. in: Chudozestvennoe nacledie. Chranenie, issledovanie, restavrazija 8 (38) (1983), S. 87-94; Mai Lumiste und Rasmus Kangropool, Niguliste kirik. Tallinn 1990; Ene Lamp: Hermen Rode Niguliste Altar. Hiliskeskaja kostüümi Pildiseeriana. in: Kunstis Eestis läbi aegade. Tallinn 1990, S. 139-152.

Adolf Goldschmidt[74] erkannte 1889 die Malerei des Retabels als ein Werk Hermen Rodes.[75] Das Altarretabel bildete den liturgischen Mittelpunkt der Pfarrkirche St. Nikolai in Reval und seine Entstehung war Teil einer umfassenden Umbau- und Ausstattungskampagne im Verlauf des 15. Jahrhunderts.[76] Als Auftraggeber lassen sich zwei Revaler Korporationen von Kaufleuten identifizieren: An den Außenflügeln sind ihre Wappen angebracht: der Mauritiuskopf für die Schwarzenhäupter, das weiße Kreuz auf rotem Grund für die Große oder Kindergilde.[77]

---

[74] Adolf Goldschmidt, Lübecker Malerei und Plastik bis 1530. o.O. 1889. Zu diesem Zeitpunkt gab es an der Identifikation des Malers des Lukasretabels mit Hermen Rode Zweifel, da noch keine Quellen zu diesem Namen bekannt waren. Friedrich Bruns (Zur Lübischen Kunstgeschichte II: Zur Lebensgeschichte der Lübecker Maler Hans Stenrat, Martin Radeloff, Friedrich van dem Ryne, Hermann Rode, Heinrich Wilsing und Johann Kemmer. in: Mitteilungen des Vereins für Lübeckische Geschichte und Alterthumskunde 10 (1901), S. 2-30 und S. 38-52) veröffentliche dann die entscheidenden Urkunden zu Hermen Rode.

[75] Zu diesem bedeutenden Maler fehlt bisher eine Monographie. In meiner Dissertation an der TU Berlin werde ich mich eingehend mit Hermen Rode und seinen Altarretabeln beschäftigen.

[76] Zu Beginn des Jahrhunderts wurde der Chorbereich vergrößert und an den Kirchenbauten Norddeutschlands orientiert - gänzlich neugebaut. 1465 wurde die Barbarakapelle angebaut, die im 16. Jahrhundert abgetragen wurde, 1486 bis 1493 die Matthäuskapelle hinzugefügt, heute Antoniuskapelle genannt. Vgl. dazu: Mai Lumiste und Rasmus Kangropool, Niguliste kirik. Tallinn 1990, S. 155. Gleichzeitig investierte die Kirchengemeinde in die Ausstattung: Eine Monstranz entstand zwischen 1474 und 1477, das Sakramentshaus 1478, die kleine Orgel ab 1481, die große Orgel 1489. Vgl. hierzu: R. Hausmann, Der Silberschatz der St. Nikolaikirche zu Reval. in: Mittheilungen aus dem Gebiete der Geschichte Liv-, Est- und Kurlands. XVII (1900), S. 213-376 hier: S. 230-233 und S. 248.

[77] In meinem Vortrag „Lübeck und Reval - zwei Altarretabel Hermen Rodes im Vergleich", (Symposium: Die Stadt im europäischen Nordosten: Kulturbeziehungen vom Lübischen Recht bis zur Aufklärung, Tallinn, Sept.1998, bin ich Auftraggeberfragen genauer nachgegangen.

Das Hochaltarretabel besteht aus einer Predella mit Skulpturennische und gemalten Flügeln, einem Mittelschrein mit Doppelflügeln und einem geschnitzten kammförmigen Aufsatz, der den Schrein und die Innenflügel bekrönt. Das gesamte Retabel misst ca. 3,5 auf 6,3 Meter.[78] Gemäß den mittelalterlichen Zunftbestimmungen der Lübecker Maler und Bildschnitzer, welche für geistliche Werke ausschließlich die Verwendung von Eichenholz vorschrieben, ist das Retabel aus Eichenholz hergestellt worden.[79] Der ursprüngliche Aufstellungsort entspricht in etwa dem heutigen Standort, jedoch ist die originale Mensa nicht erhalten. Über den liturgischen Gebrauch des Retabels sind wir im Einzelnen nicht unterrichtet. Bisher nicht veröffent-lichte Quellen[80] könnten darüber aber noch aufschluß-reiche Informationen enthalten. Allgemein angenommen werden Wandlungen der Retabel an Festtagen und nochmaliges Aufklappen an höchsten Festtagen, wie beispielsweise zu Ostern. An diesen höchsten Festtagen ist dann das vielfigurige Skulpturenprogramm sichtbar gewesen. Von Wandlung zu Wandlung ist eine Steigerung der Prachtentfaltung zu beobachten. Dies ist zum Einen an der Verwendung des kostbaren Materials Gold abzulesen: Die Rahmungen der Außenflügel sind rot und grün mit goldenen Blümchen, der Hintergrund der Malerei himmelblau gegeben. Nach der ersten Wandlung sind Rahmungen und Hintergrund vergoldet. Die Steigerung zeigt

---

[78] Die Höhe setzt sich zusammen aus den Elementen Predella (H. 87 cm), Schrein (H. 262 cm) und dem kammförmigen Aufsatz. Die Breite des Mittelschreins beträgt 316 cm, die Flügel sind jeweils annähernd halb so breit.

[79] Vgl. hierzu: Hans Huth, Künstler und Werkstatt der Spätgotik. Augsburg 1923, Ndr. Darmstadt 1967, S.16 und Jan von Bonsdorff: Kunstproduktion und Kunstverbreitung im Ostseeraum des Spätmittelalters. Helsinki 1993, S. 58.

[80] Gemeint ist hier das Rechnungsbuch der Kirchenvormünder 1465-1531, Tallinner Stadtarchiv, KB Nikolai 1, Signatur: 31-1-216.

sich zum anderen in der vermehrten Verwendung von Zierformen, z.B. an der Skulpturenseite und an der reicheren Profilierung der Rahmen. Hierzu zählt auch der Wechsel von Malerei zu Skulptur. Spekulativ muß vorerst die Annahme bleiben, dass die Predella, die nur mit einem Flügelpaar ausgestattet ist, auch nach der ersten Wandlung des Retabels unverändert blieb und erst bei der vollständigen Öffnung der Retabelflügel gewandelt wurde. Der ausgezeichnete Erhaltungszustand der Malereien der Innenseiten der Predelenflügel spricht für diese These.

Insgesamt ist das Retabel sehr gut erhalten.[81] Im Laufe der Zeit gingen jedoch sieben kleine Figuren verloren, fünf wurden vermutlich im 18. Jahrhundert ergänzt und auch zwei Halbfiguren der Predella wurden später hinzugefügt. An den Skulpturen sind Abbrüche und Verluste von Anstückungen zu beklagen, Attribute gingen verloren. Die Oberflächen der Malerei sind unterschiedlich gut erhalten. Während an den Außenflügeln Abreibungen festzustellen sind, zeigen sich vor allem die Innenflügel der Predella in hervorragendem Zustand. Dort sind sogar die aufgeklebten Pergamentsterne des Hintergrundes erhalten.

1981 begannen die vorbereiteten Untersuchungen zur Restaurierung des Retabels unter Leitung von N. G. Bregman am gesamtsowjetischen Restaurierungsinstitut in Moskau; seit 1986 ist das Retabel wieder im Chorpolygon der Nikolaikirche aufgestellt. Die Restaurierung wurde aufgrund der politischen Veränderungen in der ehemaligen UdSSR jedoch nie abgeschlossen, die Ergebnisse der Untersuchungen nur bruchstückhaft in zwei

---

[81] Zahlreiche Transporte, die das Retabel gefährdeten, sind erst nach 1863 vorgenommen worden.

Aufsätzen N. G. Bregmans publiziert.[82] Der Abbruch der Restaurierungen führte auch dazu, dass heute zumeist lediglich die gemalten Seiten des Retabels zu sehen sind. Da noch nicht alle Skulpturen gereinigt sind, erscheint die Skulpturenseite sehr uneinheitlich, was man offensichtlich nur ungern präsentiert. Beobachtungen am Retabel lassen die Rekonstruktion der Arbeitsschritte beim Werkprozess zu. Zunächst wurden die Schreinerarbeiten ausgeführt; die einzelnen Bretter und Rahmenteile mit Profilleisten wurden zu Schrein, Predella und Flügeln zusammengesetzt und anschließend die Flügel am Schrein montiert. Hierzu wurden am Rahmen Scharniere mit Metallnägeln angebracht, die durch das Holz der Rahmen getrieben wurden. Die Spitzen der Nägel wurden an der Innenseite umgebogen. Die wohl fertig geschnitzten Figuren wurden daraufhin in den Schrein gesetzt, um ihre Umrisslinie zu markieren und die Stelle ihrer Befestigung festzulegen. In den Flügeln wurden die Skulpturen mit handgeschmiedeten Haken an der Rückwand befestigt. Diese Haken wurden durch die Tafel getrieben und ihre Spitzen ebenfalls an der Rückseite, d.h. auf den Außenseiten der Innenflügel, umgebogen. Erst jetzt konnten diese Stellen mit Leinwand überklebt werden und die Grundierung der Tafeln und des Schreins erfolgen. Am Mittelschrein wurden die Skulpturen lediglich mit Nägeln befestigt.

Nun konnten einerseits die Attributskizzen für die Skulpturen zur genauen Bezeichnung des Standorts und andererseits die Unterzeichnungen für die Malereien ausgeführt werden. Der Bolusanstrich zur Vorbereitung der Vergoldung berücksichtigt diese Angaben: Auf der Skulpturenseite richtete sich die Vergoldung nach den Umrisslinien der jeweiligen Skulptu-

---

[82] N.G. Bregman, Podslojnyj risunok v altare Chermena Rode, in: Chudozestvennoe nacledie. Chranenie, issledovanie, restavrazija 8 (38), 1983, S. 87-94, ders.: Issledovanie i restavrazija altarja Chermena Rode. Metodiceskie prinzipy restavrazionnoj mikroskopii polichromnoj skulptury. in: Chudozestvennoe nasledie. Sbornik naucnich trudov 1989.

ren, denn nur an den sichtbaren Stellen wurde Goldgrund aufgebracht. Auf den Malereitafeln der Innenflügel wurde der Hintergrund zur Vergoldung vorbereitet. Die Punzierungen der Nimben der Skulpturen werden sich angeschlossen haben. Die Skulpturen wurden einzeln außerhalb des Schreines gefasst. Erst nach Beendigung der Fassmalerarbeiten wurden die einzelnen Teile, Skulpturen, Sockel und Baldachine in den Retabelschrein versetzt und befestigt. Dies erfolgte vermutlich erst am Aufstellungsort des Retabels in der Nikolaikirche in Reval. Mustervorlagen und Schablonen fanden am Retabel vor allem bei den Masswerkmustern der Sockel und Baldachine Verwendung. Es lassen sich darüber hinaus auch bei der Faßmalerei und der Bildfeldeinteilung Übereinstimmungen mit anderen Werken Rodes bzw. seiner Werkstatt bestimmen, die den Gebrauch von Vorlagen und Schablonen wahrscheinlich machen. Ähnliche Brokatmuster in der Faßmalerei von Skulpturen finden sich bei-spielsweise in Hammarby und Sorunda (Schweden),[83] die Schwarzlotzeichnung der Bildfeldeinteilung findet ihre Entsprechung an einem Passionsaltar im Niedersächsischen Landesmuseum Hannover, der Hinrich van dem Kroghe zugeschrieben wird.[84]

Die Malerei auf den beiden Außenflügeln des Retabels zeigt eine Reihe von sechs stehenden Heiligen (Abb. 1 und 2) der rechte Flügel (vom Retabel aus) in der Mitte die Madonna, rechts von ihr Katharina, links von ihr Barbara. Der linke Flü-

---

[83] Vgl. hierzu Peter Tångeberg, Mittelalterliche Holzskulpturen und Altarschreine in Schweden. Stockholm 1986, S. 216-218 bzw. Abb. 163 und 164.

[84] Dies könnte für einen Werkstattzusammenhang von Hermen Rode und Hinrich van dem Kroghe sprechen. Genauere Erkenntnisse liegen dazu bisher nicht vor. Die deutschen und niederländischen Gemälde bis 1550. Kritischer Katalog. Niedersächsisches Landesmuseum Hannover Gemäldegalerie. Bearb. v. Michael Wolfson. Hannover 1992, Kat. Nr. 31, S. 93-95, (Inv.-Nr. PAM 721).

gel zeigt neben dem heiligen Nikolaus rechts Viktor und links Georg. Die beiden Figurengruppen stehen jeweils auf einem gleichgestalteten steinernen Podest. Die Heiligen werden überfangen von einer gemalten, steinernen Maßwerk-Arkatur, bei der je ein Spitzbogen einer Figur zugeordnet ist. Diese Sandsteinarchitektur ist sehr fein, mit detaillierter Profilierung und zarten Licht- und Schattenwirkungen wiedergegeben. Die Podeste erschließen den Raum, während die kunstvoll durchbrochene Arkardenreihe sehr flach wirkt und auf diese Weise das Bild nach vorne abschließt. Gleichzeitig ist die Arkadenreihe als baldachinähnliche Auszeichnung für die gemalten Heiligenfiguren eingesetzt.

Hinter den Figuren öffnet sich eine weite, hügelige, von Wegen durchzogene Landschaft. Große Entfernung ist mittels der Luftperspektive, einer in der Ferne in Blautöne übergehenden Färbung der Landschaft, suggeriert. Der Himmel darüber ist kräftig hellblau und wolkenlos. Die Horizontlinie liegt ungefähr auf Schulterhöhe der Figuren. Die Landschaft auf dem linken Flügel ist etwas karger, hier überwiegt die Gestaltung mit braunen Farbtönen, im Hintergrund ist in winzigem Maßstab eine Stadt dargestellt. Die Madonna auf dem rechten Flügel wird ganz frontal gezeigt. Ihre Fußstellung ist angedeutet, während die rechte Fußspitze unter dem weißen Mantel hervorschaut, ist die linke im rechten Winkel dazugestellt. Maria hält in beiden Händen ihr Kind, das zu sitzen scheint. Die Madonna ist mit einem gelben Kleid mit rotem Brokatmuster bekleidet. Darüber trägt sie einen weißen Mantel mit blauem Futter, ihr Dekolleté wird von einem durchsichtigen Tuch gerahmt, der Mantel von einer Tassel über ihrer Brust zusammengehalten. Der Mantel ist um ihre Arme gelegt und unter ihre Unterarme geklemmt. Die dabei entstehenden Falten folgen jedoch nicht streng den Gesetzen der Schwerkraft. Die Madonna trägt eine Krone, die sehr flach wiedergegeben ist. Ihr braunes Haar wird durch die Krone stark an den Kopf gedrückt,

bauscht sich über den Ohren, scheint im Nacken zusammenge-
bunden zu sein und fließt in sanften Wellen über die Schultern.
Das Madonnengesicht ist sehr zart, mädchenhaft und ebenmäßig. Maria hat ihr Gesicht ganz leicht aus der vertikalen Achse
gedreht und ihre Augenlider gesenkt. Das Gesicht ist stilisiert
und symmetrisch gestaltet. Mund und Nase sind sehr schmal:
Die Breite der Nasenflügel und der Lippen entsprechen sich in
etwa. Das Gesicht wurde mit äußerster Sorgfalt modelliert und
schattiert. Dabei zeichnen sich die Knochen unter der Haut ab,
wie z.B. an den Brauenbögen und der Stirn gut zu erkennen ist.

Das Christuskind trägt einen grauen langen Rock mit langen Ärmeln, der am Hals golden gesäumt ist. Darunter wird am
Hals und am linken Handgelenk ein weißes Untergewand sichtbar. Über seine linke Schulter und um seinen Oberkörper ist
ein schwarzer Rosenkranz mit Perlen gelegt, in den es mit
seiner linken Hand greift. Während die Beine nach links gedreht sind, ist sein Oberkörper nach rechts gewendet. Mit seiner Rechten greift das Christuskind an den Schwertknauf der
heiligen Katharina. Diese steht zur Bildmitte gewendet am linken Bildrand. Sie trägt einen grauen, grünblau gefütterten
Rock, was an der Schnürung im Oberkörperbereich deutlich
wird. Am Dekollté wird ein weißes Untergewand sichtbar, und
wie bei Maria rahmt ein durchsichtiges Tuch ihren Ausschnitt.
Um ihre linke Schulter liegt ein grüner Mantel, den sie mit ihrer rechten Hand vor ihrem Bauch rafft. Die Linke liegt locker
über dem Knauf ihres Schwertes. Ihre rechte Hand ist parallel
dazu geführt. Zu ihren Füßen liegt zum Zeichen ihres Martyri-
ums ein halbes Rad, das mit metallenen Spitzen besetzt ist.
Barbara trägt über einem weißen Untergewand einen grünen
Rock und darüber eine blaue, am Hals, Armausschnitt und
Saum mit weißem Pelz besetzte Surcotte mit sehr tiefen Arm-
ausschnitten. Über ihre Schultern ist ein rosafarbener Mantel
gelegt, dessen rechter Zipfel über ihr linkes Handgelenk und
ihr Attribut, den Turm, gezogen ist, so dass er sich vor ihrem

Unterkörper in reiche Falten legt. Mit einer sehr gespreizten Handhaltung, nur mit Daumen und Zeigefinger, hält sie in der Rechten einen Palmzweig. Sie ist in ihrer Körperhaltung leicht zur Bildmitte gewandt, während ihr Kopf nach links gedreht ist. Die Frisuren der Madonna und der beiden heiligen Jungfrauen sind identisch, jedoch ziert letztere lediglich ein auf Höhe ihres Mittelscheitels mit Perlen besetztes Schapel, während die Madonna eine Krone trägt.

Auf dem linken Außenflügel sind drei männliche Heilige dargestellt. In der Ehrenposition, die auf dem rechten Flügel die Madonna einnimmt, steht der heiliger Nikolaus als der Patron der Kirche. Er ist frontal gegeben, lediglich sein Kopf ist leicht nach links gewendet. Er trägt Pontifikalkleidung mit weißer Alba, darüber grüne Seidenbrokat-Dalmatik und ein rotes Pluviale, das blau gefüttert und von einer goldenen, mit Perlen bestickten Borte gesäumt ist. Seine Chormantelschließe ist plastisch gestaltet. Weiterhin trägt er Handschuhe und eine perlenverzierte Mitra, ebenfalls mit einer goldenen Borte. Sein rechter Mantelzipfel ist über seinen linken Unterarm gelegt, die rechte Hand im Segensgestus erhoben, mit der linken hält er seinen Bischofs-stab. Die Linie, die der Mantelsaum vor seinem Bauch beschreibt, entspricht spiegelbildlich etwa derjenigen des Madonnenmantels. Rechts von ihm steht der heilige Viktor in grünlich-metallen schimmernder Rüstung, roten Schuhen und einem grün-bläulichen Tasselmantel, der mit Hermelin gefüttert ist. Er trägt seine Haare schulterlang, seine Stirn ziert ein Schapel, in seiner rechten Hand hält er eine Lanze mit rotem Fähnchen, in der linken eine Tartsche mit Rüsthaken, mit dem Wappen der Revaler Großen Gilde. Viktor ist leicht aus der Mittelachse nach rechts gewendet - in Richtung des rechten Außenflügels.

Auf der anderen Seite des heiligen Nikolaus befindet sich ebenfalls ein Ritterheiliger, der heilige Georg. Dieser ist vollständig in eine blau schimmernde Rüstung gehüllt, die selbst sein Gesicht bis zur Nase verbirgt. Auf dem Kopf trägt er einen Eisenhut und seine Hände sind mit Herzen verhüllt. Georg ist in heftiger Bewegung gegeben, als sei der Kampf mit dem Drachen noch im Gange. Die Rechte holt zum Schwertschlag aus, während er in der Linken einen Teil seiner zerbrochenen Lanze hält. Doch tritt er bereits auf das sterbende Ungeheuer. Sein rechter Fuß ist auf Nikolaus Mantelsaum gesetzt und zeigt zum Bildrand. Um seinen Helm sind ein rotes und ein weißes Band gewickelt, die am Hinterkopf verknotet zu sein scheinen und deren Enden offen flattern.

Bei der Farbgestaltung der Außenflügel dominieren Blau-, Grau- und Grüntöne. Mit Rot werden Akzente gesetzt. Die Farben werden entweder durch Hell- und Dunkelmischungen des gleichen Farbtones oder durch Kontrastfarben, wie z.B. weiß durch Graubeimischungen, das Grün der Rüstung Viktors mit Gelbhöhungen, die blaumetallene Rüstung des heilige. Georg mit Weißhöhungen, modelliert. Besonders raffiniert wirken die Kontraste von Grün und Grau bei Katharina, Blau und Grün bei Barbara und die warmen und kalten Grüntöne bei Viktor sowie das Nebeneinandersetzten von grüner Dalmatik und blauem Mantelfutter bei Nikolaus, ebenso der grüne Drache und die blaue Rüstung bei Georg. Kombinationen von Gelb und Rot finden bei den Zentralfiguren, der Madonna und Nikolaus, Verwendung.

Die unterschiedlichen Materialqualitäten sind sorgfältig herausgearbeitet, was besonders bei der minutiösen Wiedergabe von Hermelin und dem metallenen Glanz der Rüstungen auffällt. Nur die Madonna trägt ein Brokatgewand. Die Mäntel und Kleider von Katharina und Barbara scheinen aus stumpf wirkenden Wollstoffen gefertigt zu sein. Die Heiligenreihe ist von schräg links oben einheitlich beleuchtet, kurze Schatten zeichnen sich auf den Podesten ab. Besonders qualitätvoll ist meiner Ansicht nach die Komposition der Figurenreihe. Der Blick des Betrachters wird von links nach rechts geleitet, Gestaltungselemente werden von den Figuren jeweils wiederaufgenommen und variiert. Die leichte Wendung der heiligen Katharina dient als Einleitung in das Bild hinein. Dabei wird durch ihren Blick einerseits und durch den Griff des Jesusknaben an ihr Schwert andererseits zwischen diesen beiden Figuren eine Verbindung geschaffen. Die Drapierung des Madonnenmantels nimmt Motive des Mantels der heiligen Katharina auf, Barbaras Mantel variiert dieses Motiv erneut. Barbaras Palmzweig paraphrasiert in seiner Neigung die Umrißlinie der Madonna. Die Körperhaltung Barbaras ist zur Bildmitte hin orientiert; ebenso wie durch die bogenförmig ansteigende Saumlinie ihres Mantels, die den Blick auch zum Turm lenkt, schließt sie die Figurenreihe des rechten Flügels ab. Andererseits wird durch die leichte Drehung des Oberkörpers und die Neigung ihres Kopfes eine Verbindung zum linken Außenflügel hergestellt, die durch Viktors Ausrichtung nach rechts aufgenommen wird. Der heilige Nikolaus in der Mitte des linken Flügels ist frontal ausgerichtet, jedoch wird durch seinen leicht nach links gewendeten Kopf eine Überleitung zum heilige Georg geschaffen. Die Gestaltung der drei Figuren untereinander ist auf vielfältige Weise verschränkt, so durch den Farbklang Rot-Weiß sowohl der Tartsche von Viktor als auch der flatternden Bänder von Georg, ebenso durch den Farbklang Blau-Grün von Viktors Rüstung und Mantel einerseits und Georgs Rüstung und dem Drachen andererseits. Beide Farben sind in der Gewandung des heiligen Nikolaus wieder aufgenommen. Auch der Faltenzug von Nikolaus Chormantel schafft eine Querverbindung zwischen den drei Figuren. Georg ist als einziger dieser Reihe in Bewegung gegeben. Er schließt die Figurenreihe ab, indem der Blick des Betrachters durch das schräg nach unten geführte Schwert auf den am Boden liegenden Drachen und damit aufgehalten wird.

Bereicherung findet die Komposition der Figurenreihe[85]
durch die Predellenaußenflügel, die nicht nur durch den hell-
blauen Hintergrund enge Verbindung zu den Retabelaußenflü-
geln aufweisen. Dargestellt sind hier insgesamt sechs Halbfiguren. Die beiden Ordensheiligen an den Außenseiten sind anhand ihrer Tracht zu identifizieren: Bernhard von Clairvaux
trägt - wie für Zisterzienser üblich - eine weiße, gegürtete Kutte, schwarze Flocke und ein schwarzes Skapulier, Benedikt eine schwarze Kutte, schwarzes Skapulier und schwarze Flocke.
Zwischen den beiden Ordensheiligen befinden sich die vier
Kirchenväter, von rechts nach links Gregor der Große in Papst-
tracht, Hieronymus in Kardinalstracht mit dem Löwen, Augus-
tinus, in der Hand ein Herz haltend, mit doppeltem Kreuzstab
und in bischöflicher Tracht mit Pluviale, sowie Ambrosius in
bischöflicher Pontifikalkleidung mit Kasel und Krummstab.
Der Reihe der stehenden Heiligen von den Außenflügeln entsprechen auf den Predellenflügeln die ebenfalls sechs als Halbfiguren Dargestellten. Die Neigungen der Figuren, ins Bild
hinein gewendet bzw. frontal gegeben, werden hier den Außenflügeln entsprechend wiederholt. Mit einer Ausnahme: während der heilige. Georg sich aus dem Bild hinaus neigt, ist der
heilige Benedikt auf der Predella zurück ins Bild gewandt.

Die auf den Außenseiten des Retabels dargestellten Heiligen sind alle noch mehrfach auf den anderen Ansichtsseiten zu
sehen. Die Madonna ist auf der Skulpturenseite noch zweifach
dargestellt, Katharina, Barbara und Georg jeweils noch einmal.
Die Viten der beiden Hauptheiligen des Retabels, Nikolaus und
Viktor, werden nach der ersten Wandlung in jeweils acht Szenen erzählt.

---

[85] Vorbilder finden sich in der niederländischen Malerei beispielsweise bei
Dieric Bouts, aber auch bei Stefan Lochner in der Kölner Tradition.

Klappt man die äußeren Flügel des Retabels auf, so sieht man sich einer Bilderwand mit 16 Heiligenszenen gegenüber (Abb. 3). Die einzelnen Bildfelder entstehen durch die Vierteilung der jeweiligen Tafeln mit einer Goldleiste, die mit Schwarzlot ornamental verziert ist. Alle 16 Szenen sind mit Bildunterschriften versehen, die den Inhalt benennen. Diese Schriftzeile wurde auf die bereits ausgeführte Malerei gesetzt. Auf weißen Untergrund wurde mit schwarzer Farbe die Schrift aufgetragen. Einige Stellen, so z.B. die Großbuchstaben am Beginn der Zeile, wurden mit roter Farbe besonders hervorgehoben.

Links oben wird in der ersten Szene aus dem Leben des heilige Nikolaus der Dank eines Vaters bei Nikolaus gezeigt. Dieser hatte seinem Nachbarn aus einer finanziellen Notlage geholfen, indem er heimlich nachts goldene Kugeln durch das Fenster in das Zimmer der Töchter warf. In der dritten Nacht passte der Vater den Helfer ab und bedankte sich. Die Bildunterschrift lautet: „Hir beret sunte nycolaus de dre juncvruwen er he bischup wert des dede em er vader danke namyche". Die rechts daran anschließende Szene zeigt die Wahl Nikolaus - nach göttlicher Vorsehung - zum Bischof von Myra: „Hir was sunte nycolaus ut vor sen van gade bischup to wesende, un se entfangen en myt groter ere". Seine Einsetzung zum Bischof zeigt die dritte Szene. Nikolaus wird auf dem Bischofsstuhl feierlich die Mitra aufgesetzt. Dazu heißt es in der Bildunterschrift: „Hir wert sunte nycolaus ghekronet to enen bischupe ouer dat stichte van bischupe un prelaten". Die folgenden vier Szenen zeigen die Taten des Heiligen: Der Legende nach rettete er Schiffsleute aus Seenot, was ihn zum Patron der Schiffsleute und Kaufleute werden ließ: „Hir lyden schyplude grote not van storm un winde un se repen sunte nycolaus an un he halp en". Die nächste Szene findet sich ganz links in der zweiten Zeile: Nikolaus rettet Unschuldige vor dem Tode, indem er in die Hinrichtung eingreift. Drei zuschauende Ritter werden so zum christlichen Glauben bekehrt: „Hir loset sunte nycolaus dre unschuldighe mynschen van dem dode dat seghen dre rider un bekerden sic". Dieselben Ritter werden gefangengenommen, Nikolaus erscheint dem Kaiser im Traum und erreicht so ihre Freilassung: „Hir warden de silven rider unseldighen ghevangen un sunte nycolaus openbarde syck den keser se los to gheven".

Die Freilassung der Ritter und die Verabschiedung durch den Kaiser sowie die Übergabe eines Geschenks zeigt die siebte Szene der Heiligenlegende: „Hir lete de keser de dre ridder los un gaf en gyft un ghave dat se sunte nycolaus vor em bede". Das letzte Bildfeld der Nikolauslegende zeigt den ins Gebet versunkenen sterbenden Heiligen, dessen Seele zum Himmel auffährt. In der Bildunterschrift heißt es lakonisch: „Hir sit sunte nycolaus up synen knyen und ghift synen geyst up. de hilghen engele halen syne sele".

Nikolaus gehört als Patron der Seefahrer und Kaufleute zu den besonders verehrten Heiligen des Hanseraumes. In vielen Hansestädten gibt es ihm geweihte Pfarrkirchen.[86] Die Verehrung des heiligen Nikolaus setzt in vielen Fällen bereits mit der Missionierung und Gründung der Städte ein. Die Vorlagen für die am Retabel dargestellten Szenen finden sich in der Legenda aurea des Jacobus de Voragine. Die Anlehnung an den Text ist zum Teil sehr eng, so z.B. bei der Rettung der unschuldigen Ritter. In der Legende heißt es: „Sie kamen hin und fanden sie schon knieend, ihre Augen verbunden und das Schwert in der

---

[86] In Lübeck ist Nikolaus nicht nur ein Patron des Domes, es gab auch im Untergeschoss des Westwerkes eine ihm geweihte Pfarrei. Weitere Beispiele: Wismar, Schwerin, Greifswald, Rostock, Stralsund, Schleswig, Kiel. Zur Verbreitung des Nikolauskultes vgl. Abendlande. Eine kulturgeographisch-volkskundliche Untersuchung. Düsseldorf 1931, Ndr. 1981, S. 126-171.

Hand des Henkers aufgehoben. Sanct Nikolaus riss zornig dem Henker das Schwert aus der Hand (...)".[87]

In der Legenda aurea werden acht Begebenheiten für das Leben des heilige Nikolaus geschildert. Fünf davon sind am Retabel dargestellt, die in acht Szenen erzählt werden. Während die Jungfrauengeschichte, die Rettung aus Seenot und der Tod des Heiligen nur in jeweils einer Szene dargestellt wird, wobei ein Moment für die gesamte Begebenheit steht, ist die Bestimmung Nikolaus zum Bischof auf zwei Szenen, die Legende mit den drei Rittern sogar auf drei Szenen ausgedehnt. Durch diese ausführliche Darstellung werden zum einen die Ritterheiligen betont und zum anderen das Bischofsamt des heilige Nikolaus besonders herausgehoben. Seine Bestimmung zum Bischof durch göttliche Vorsehung und die anschließende Einsetzung und Verleihung der Insignien werden detailliert geschildert. Ebenso fällt auf, dass selbst die Seele des hl. Bischofs, die nach seinem Ableben von Engeln in Form eines kleinen nackten Menschen gehalten wird, die Mitra trägt.

Das erste Bildfeld der Viktorslegende zeigt die Festnahme des Heiligen durch den Kaiser, nachdem er Zuhörer im christlichen Glauben unterwiesen hat: „Hir steyt sunte victor manck den krysten un lert se in dem gheloven des leyt en de keser agrypen". Sodann wird Viktor vor den Richter geführt, der ihn ermahnt, dem christlichen Glauben abzuschwören: „Hir wert sunte victor ghebracht vor den rychter un he lycht em an den kristen loven to vorlaten de".

Die Leserichtung dieses Zyklus verläuft etwas anders als die der Nikolauslegende, sie wird nun in der zweiten Reihe fortgesetzt: Als Christus dem in den Block eingespannten gefangenen Viktor erscheint, werden drei Gefängniswärter bekehrt: „Hir syt he in dem kerkener des quam eps myt synen en-

---

[87] Zitiert nach: Die Legenda aurea des Jacobus de Voragine. Übersetzt von Richard Benz. 11. Auflage. Darmstadt 1993, S. 29.

gelen to em dat seghen de hodere un bekerden si". Der hl. Viktor stößt daraufhin ein Götzenbild von einer Säule: „Hir wert he ghebracht vor den afgot des stotte he an den pylen myt dem vote do vyl de afgot tererden". Die vier weiteren Szenen auf der Innenseite des Außenflügels, zunächst wieder in der oberen Reihe, erzählen die Martyrien des Heiligen. Zunächst wird er mit Stricken gezogen und gereckt: „Hir let de richter sunte victor myt repen un towen recken langes de straten myt groten jamer". In der folgenden Szene wird Viktor entkleidet an einen Galgen gebunden und gegeißelt: „Hir let de richter sunte victor hengen an enen schudeghalghen un wert gheslaghen myt kulen sere". Dann wird er unter einen Mühlstein gelegt und geköpft: „Hir wert sunte victor gebracht in ene molen un wert ghelecht under enen sten un wert ghekoppet". Schließlich wird sein Leichnam in einen Fluß geworfen, im Hintergrund ist die Stadtsilhouette Lübecks zu sehen; Engel retten seinen Körper: „Hir werpen se synen lychnam in dat mer un de engele brochten en to lande un wert erliken begraven".

Für die acht Szenen aus dem Leben des heiligen Viktor findet sich in der Legenda aurea keine Vorlage. Wie schon Carl Russwurm feststellte, gibt es eine große Anzahl von heiligen Märtyrern dieses Namens.[88] Es lässt sich jedoch durch die

---

[88] Vgl. Carl Russwurm, Das Altarblatt der St. Nikolauskirche zu Reval. in: Das Inland (1841) Nr. 35, 26. August, Sp. 553-560, hier: Sp. 558. Felix Rütten, Die Victorverehrung im christlichen Altertum. Paderborn 1936, S. 174 nennt 74 Heilige dieses Namens.

ausführlich dargestellte Heiligenvita eindeutig bestimmen, dass der Heilige Viktor von Marseille gemeint ist.[89] Das Martyrium in einer Mühle ist für diesen kennzeichnend.[90] Informationen zum Heiligen Viktor von Marseille sind sehr spärlich. Eine noch ausführlichere Heiligenvita zeigt ein Werk aus Flandern, das um 1530 entstanden ist.[91] Dort werden insgesamt 16 Szenen aus dem Leben des Heiligen dargestellt. Es ist aber gut denkbar, daß beide Retabel derselben Legende folgen. Die Passion des Heiligen Viktor von Marseille ist jedoch bisher nicht eindeutig zu bestimmen. Nach Felix Rütten existieren drei Variationen.[92] Demnach kann er sowohl als Seefahrer, als Soldat sowie auch als Bischof dargestellt sein.[93] Nach Louis Réau sind die Zentren seiner Verehrung Marseille, Paris, Brüssel und

---

[89] Bisher wurde dies nur zum Teil in der Literatur richtig erkannt, so z.b. von Wilhelm Neumann, Lübecks künstlerische Beziehungen zu Altlivland. in: Mitteilungen des Vereins für Lübeckische Geschichte 13 (1918), S. 93-108, und im Kämmereibuch der Stadt Reval 1463-1507. Bearb. v. Richard Vogelsang. Köln/Wien 1983. (Quellen und Darstellungen zur hansischen Geschichte N.F. Bd. 27, 1-2), S. 490 Anm. 2, aber nicht weiter hinterfragt, warum der heilige Viktor von Marseille in Reval dargestellt ist. Häufig wurde dieser Heilige jedoch auch mit Viktor von Xanten verwechselt, z.B. von Jan von Bonsdorff, Kunstproduktion und Kunstverbreitung im Ostseeraum des Spätmittelalters. Helsinki 1993, S. 135, Anm. 594.

[90] Vgl. Joseph Braun, Tracht und Attribute der Heiligen in der deutschen Kunst. Berlin 1943, 3. Auflage 1988, Sp. 720. Er nennt den Mühlstein als eindeutiges Attribut nur für Viktor von Marseille, führt jedoch das Revaler Retabel unter Viktor von Xanten auf, Sp 721, korrekt angeführt ist dieses Werk aber z. B. bei Hiltgart L Keller: Reclams Lexikon der Heiligen und Biblischen Gestalten. 5. ergänzte Auflage. Stuttgart 1984, S. 564.

[91] Hinweis bei: L. Schütz: Viktor v. Marseille. in: Lexikon der christlichen Ikonographie. Rom-Freiburg-Basel-Wien 1976, Sp. 557.

[92] Felix Rütten, Die Victorverehrung im christlichen Altertum. Paderborn 1936, S. 117

[93] Vgl. Felix Rütten, Victor, heiliger Märtyrer. in: Lexikon für Theologie und Kirche. Bd. X. 2. Auflage Freiburg i.Br. 1938, Sp. 615.

Malines. In Marseille ist er anscheinend vornehmlich ein Patron der Schiffer gewesen.[94] Die Verehrung des Heiligen im Hanseraum könnte sich darauf beziehen, dass er den Seefahrern und Kaufleuten deshalb nahe stand, weil sein Leichnam ins Meer geworfen und „auf wunderbare Weise vom Meer für ein christliches Begräbnis freigegeben wurde".[95] Trotz des Informationsdefizites zu Viktor von Marseille geht aus dem Bildprogramm des Hoch-altarretabels ganz eindeutig hervor, dass er in Reval/Tallinn besondere Verehrung genoss. Auf dem Retabel der Nikolaikirche erscheint er annähernd gleichberechtigt neben dem heilige Nikolaus. Die feine hierarchische Abstufung ist abzulesen an der Plazierung der Heiligen: Auf dem Außenflügel nimmt Nikolaus - wie auf dem rechten Flügel die Madonna - die Mittelposition ein. Die rechte Seite des Retabels ist vornehmer als die linke, denn auf dem rechten Flügel erscheint die Madonna. Eben die rechte Seite nimmt die Vita des heilige Nikolaus ein, der somit dem heilige Viktor übergeordnet ist.[96] Die besondere Verehrung des heilige Viktor von Marseille in Reval/Tallinn, die bereits Russwurm feststellte[97], steht vielleicht im Zusammenhang mit der Großen Gilde.

Nur andeutungsweise kann hier darauf hingewiesen werden, dass die Gestaltung der Viktorsszenen in manchem an Bilder

---

[94] Aber auch der Müller, vgl. Louis Réau: Ikonographie de l'art chretien. Paris 1955-9, S. 1320. Die Ikonographie des heiligen Viktor von Marscille müßte noch genauer untersucht werden.

[95] Matthias Zender, Heiligenverehrung im Hanseraum. in: Hansische Geschichtsblätter 92 (1974), S. 5-6. Zender bezieht dies auf den heiligen Klemens, der im Hanseraum wohl aus diesem Grunde verehrt wurde.

[96] Ebenso ist die Skulptur des hl. Nikolaus rechts außen, die des hl. Viktor links dargestellt.

[97] Vgl. Carl Russwurm, Das Altarblatt der St. Nikolauskirche zu Reval. in: Das Inland (1841) Nr. 35, 26. August, Sp. 553-560. Russwurm erwähnt dies wegen der häufigen Darstellungen des Heilgen.

der Passion Christi angelehnt ist. Dies gilt besonders für die Szene, in der Viktor auf einer Straße gezogen wird. Hier erinnert z. B. die Anordnung des Richters und seines Begleiters auf dem Balkon an Ecce-Homo-Darstellungen. Noch eindeutiger ist der Bezug der Galgenszene zu Geißelungsszenen Christi.[98] Nach der zweiten Wandlung des Retabels erscheint ein prächtiges, vielfiguriges Skulpturenprogramm (Abb. 4). Die Figuren sind in zwei Registern übereinander angeordnet. Die Mitte nimmt in beiden Registern eine Figurengruppe ein: Über der Annaselbdritt ist die Marienkrönung dargestellt. Die beiden Gruppen werden rechts und links von je sieben einzelnen Figuren begleitet. Das Programm setzt sich vom Schrein auf die Flügel fort. Die Mittelszenen werden von je zwei thronenden Figuren gebildet: unten Maria mit dem Jesuskind und Anna, im oberen Register Christus und Maria. In beiden Gruppen nimmt Maria die Ehrenposition ein. Alle Figuren stehen auf einem ver-zierten Sockel und werden von einem Maßwerk-Baldachin überfangen. Die einzelnen stehenden Figuren werden jeweils durch einen Pfeiler voneinander getrennt. Diesen Pfeilern sind Säulen, z.T. gewirtelt, vorgestellt, welche kleine Figuren aufnehmen, jeweils wiederum auf einem Sockel und von einem Baldachin bekrönt.

Insgesamt umfasst das Figurenprogramm achtundzwanzig stehende Heilige, zwei thronende Paare, sowie das Christkind und sechsunddreißig kleine Figuren. Im oberen Register stehen rechts und links der Marienkrönung die zwölf Apostel, sowie der hl. Nikolaus ganz rechts und der heilige Viktor ganz links. Im unteren Register des Schreins flankieren je drei männliche Heilige die Anna-Selbdritt-Gruppe, in den Flügeln schließen sich je vier weibliche Heilige an. Im rechten Flügel sind dies vier

---

[98] Der Bezug wird besonders deutlich beim Vergleich der Szenen mit Rodes Stokyrka-Retabel in Stockholm.

heilige Jungfrauen, im linken Flügel vier heilige Witwen bzw. Nonnen.[99] Die 36 kleinen Figuren führen zu einer starken Ausweitung des Bildprogramms. Einige der kleinen Figuren hielten ursprünglich ein Spruchband aus Metall, könnten also u.U. als Propheten zu deuten sein. Daneben scheinen aber auch noch andere männliche[100] Heilige dargestellt zu sein. Verwiesen sei hier auf eine Figur, welche Nägel in der Hand hält und deshalb vielleicht als Joseph von Arimathia zu deuten ist.[101] Bei geöffneten Predellenflügeln werden acht Halbfiguren im Predellenschrein sichtbar. Es handelt sich dabei vermutlich um Prophetengestalten.[102] Interessant ist nicht nur, dass offensichtlich sowohl im Retabelschrein als auch in der Predella Propheten dargestellt sind, sondern dass diese sich z.T. auffällig ähneln.[103]

Die gemalten Predelleninnenflügel zeigen je zwei Bildfelder mit je einem Paar mit Kind (in einem Fall mit zwei Kindern). Dank der Spruchbänder sind sie eindeutig zu identifizieren. Es handelt sich um Mitglieder der heiligen Sippe, genauer gesagt um die Stammeltern des heiligen Servatius, der auf dem linken Flügel im äußeren Bildfeld als Kind in Pontifikalklei-

---

[99] In der Abb. 4 wird ein historischer Zustand (vor 1944) gezeigt. Hierbei sind zwei Figuren vertauscht. Man denke sich die zweite weibliche Heiligenfigur von links im unteren Register gegen die hl. Jungfrau ganz links im - vom Betrachter aus - rechten Außenflügel ausgewechselt.

[100] Der Vorschlag Sten Karlings (Medeltida Stkulptur i Estland. Göteborg 1946, S. 121), Sibyllen könnten neben den Propheten dargestellt sein, ist nicht tragfähig, da es sich ausnahmslos um männliche Figuren handelt.

[101] Ein weiteres Beispiel ist die Figur, die mit einer Cappa aus Feefell gekleidet ist, möglicherweise ein Chorherr. Eine detaillierte Deutung jeder einzelnen kleinen Figur kann hier nicht geleistet werden. Dies wird zudem dadurch erschwert, dass einige Figuren später ergänzt wurden.

[102] Hierauf deuten Befestigungsspuren von Spruchbändern hin.

[103] Zum Beispiel die Halbfigur der Predella, in der Abb. 4 als vierter von links (in Abb. 5 als sechster von links) und die kleine Figur, die zur Zeit ganz rechts außen im unteren Register (neben der hl. Elisabeth) steht.

dung dargestellt ist. Die Eltern-Kind-Beziehung verläuft vom Innenfeld der Flügel nach außen. Auf dem inneren Bildfeld des rechten Flügels beginnt die Folge mit Ismeria und Emerius, den Eltern des Elyud und der Elisabeth. Elisabeth und Zacharias mit Johannes Baptista sind auf der äußeren Hälfte dieses Flügels dargestellt. Elyud vermählte sich mit Eliades und sie gebar Eminem, gezeigt auf dem inneren Feld des linken Predelleninnenflügels. Eminem und Memelia endlich sind die Eltern des heiligen Servatius.[104] Die Predelleninnenflügel erweitern die geschnitzte Anna-Selbdritt-Gruppe zu einer Darstellung der Heiligen Sippe, Ismeria ist die Schwester der heiligen Anna.

Das Programm der stehenden Heiligenfiguren ist eindeutig zu entschlüsseln.[105] Hinter jeder Figur befindet sich auf dem Kreidegrund der Retabelrückwand eine Zeichnung des

---

[104] Merkwürdig sind die Namen Emerius statt Ephraim und Eliades an Stelle von Emerentia (vgl. Hiltgart L. Kelle, Reclams Lexikon der Heiligen und der biblischen Gestalten. 5. ergänzte Auflage Stuttgart 1984, S. 523-525). Eliades ist ganz offensichtlich bereits die zweite Beschriftung des Spruchbandes, eine ältere Eintragung ist durch die verseifte weiße Farbe deutlich sichtbar. Die Legenda aurea nennt diese beiden Namen nicht.

[105] Vorausgesetzt, man geht von der meines Erachtens originalen Aufstellung der Figuren aus. Dabei stützte ich mich vor allem auf Beobachtungen an der Vergoldung an Schrein- und Flügelrückwänden: Die Umrisslinien wurden geritzt und die Vergoldung nur bis zu diese Ritzung aufgetragen. Die Silhouetten der Figuren sind recht unterschiedlich, bei falscher Aufstellung wäre sicher Kreidegrund neben den Figuren sichtbar. Unterstützung findet diese Vermutung durch die Komposition der Figuren. Einschränkend ist jedoch festzustellen, dass auf älteren Fotos (vgl. Abb. 4) andere Aufstellungen z.B. für die Predellenfiguren gezeigt werden.

jeweiligen Attributes.[106] Während der seit 1981 durchgeführten Untersuchungen und erfolgten Restaurierung des Retabels in Moskau wurden sicher alle diese Aufstellungskennzeichnungen bereits dokumentiert. Veröffentlicht wurden jedoch bisher nur sehr wenige.[107] Sicher identifizieren lassen sich die vier heiligen Jungfrauen des rechten Flügels: aus der Betrachterperspektive von links nach rechts eine Zange mit Zahn verweist auf Apollonia, ein Körbchen (mit Blumen) auf die heilige Dorothea, ein Turm auf Barbara, Schwert und Rad auf Katharina. Wilhelm Neumann.[108] identifizierte die stehenden Heiligen des unteren Regis-ters im Schrein wie folgt von links nach rechts (Abb. 5) Mauritius, gerüstet mit Schild und ursprünglich wohl mit einer Lanze in seiner rechten Hand.[109] Bei der Figur daneben handelt es sich um den heiligen Eleutherius, einen der sechs den heiligen Dionysius begleitenden Bischöfe. In seiner Rechten hält er eine Monstranz. Eleutherius gehört zu den eher selten dargestellten Heiligen, passt jedoch gut in den Kontext, weil die Legenda aurea berichtet, dass sein Leichnam ins Meer geworfen werden sollte, letztendlich jedoch christlich bestattet

---

[106] Zum Nachweis, dass diese während der Entstehung des Retabels ausgeführt wurden, vgl. N.G. Bregman, Podslojnyj risunok v altare Chermena Rode, in: Chudozestvennoe nacledie. Chranenie, issledovanie, restavrazija 8 (38) (1983), S. 87-94, hier: S. 94.

[107] Die Abbildungen sind in Bregmans Aufsatz 1983 publiziert.

[108] Wilhelm Neumann, Die Werke mittelalterlicher Holzplastik und Malerei in Liv- und Estland. Lübeck 1892, S.7-8, diesem folgend: Sten Karling, Medeltida Skulptur i Estland. Göteborg 1946, S. 120.

[109] Vgl. hierzu Gude Suckale-Redlefsen, Mauritius: der heilige Mohr. München/Zürich 1987, S. 192-3, allerdings ist die dort geäußerte Vermutung, die wenig ausgeprägten negroiden Gesichtszüge des Heiligen seien wohl durch die schwarze Fassung des Gesichts ausgeglichen worden seit der erfolgten Restaurierung hinfällig: Der Heilige ist mit hellem Inkarnat und mit hellen Haaren dargestellt. Schließlich wäre sogar zu fragen, ob es sich hier überhaupt um den Hl. Mauritius handelt. Auffallend ist der Gegensatz zwischen der Darstellung des Mauritiuskopfes im Wappen der Schwarzenhäupter und derjenigen der Skulptur.

werden konnte, da eine edle Frau die Träger zum Essen einlud und währenddessen Eleutherius insgeheim auf ihrem Acker begraben ließ.[110] Rechts neben der Anna-Selbdritt Gruppe befindet sich Johannes der Täufer, in ein Kamelfell gekleidet, in der Hand ein Buch mit Lamm. Links der Gruppe steht der heilige Cyriacus, der Teufelsaustreiber, daneben ein heiliger Diakon. Neumann identifizierte diesen als heiligen Dominicus, es dürfte sich jedoch vielmehr um den heiligen Laurentius handeln, in der rechten Hand ein aufgeschlagenes Buch, links – heute verloren - wohl den Rost.[111] Ganz links außen im Schrein der heilige Georg beim Drachenkampf. Von den vier weiblichen Heiligen des linken Flügels in Witwen- bzw. Nonnentracht lässt sich nur die äußere Figur anhand der Attributsskizzen von Brot und Kelch als heilige Elisabeth identifizieren.[112]

Im oberen Register stehen rechts und links der Krönungsgruppe die zwölf Apostel, ganz außen im rechten Flügel der heilige Nikolaus, im linken der heilige Viktor, die Hauptheiligen des Altares. In der Literatur wird die Apostelreihe - leider ohne Angabe von Gründen - wie folgt angegeben: Die Aufzählung erfolgt hier der hierarchischen Anordnung gemäß jeweils paarweise rechts und links von der Mitte ausgehend: Petrus rechts und Matthias links, Johannes und Jakobus d. Ä., Andreas und Philippus, in den Flügeln Thomas und Bartholomäus,

---

[110] Dies wäre eine Parallele zur Legende des hl. Viktor. Mit letzendlicher Sicherheit ist dieser Heilige nicht zu identifizieren.

[111] So auch Sten Karling, Medeltida Skulptur i Estland. Göteborg 1946, S. 120.

[112] In der Literatur werden die anderen von innen nach außen als Hedwig, Gertrud und Birgitta benannt. Dies wäre wiederum durch die Attributsskizzen auf der Schreinrückwand zu klären.

Paulus und Simon, Jakobus d. J. und Judas Thaddäus.[113] Diese
Reihung schenkt der Hierarchie der Apostel keine Beachtung.
Gerade die Position des Paulus im rechten Außenflügel er-
staunt angesichts der Tatsache, dass dieser Apostel sonst zumeist die zweite Ehrenposition links der Marienkrönung einnimmt. Insgesamt scheint diese Apostelfolge daher nicht ver-
läßlich zu sein. Die bereits erwähnten Zeichnungen der Attribute wären hier wiederum sehr hilfreich. Obwohl mir diese
nicht zur Verfügung stehen,[114] will ich dennoch eine andere
Apostelreihenfolge vorschlagen. Lediglich drei Apostel entzie-
hen sich dabei einer eindeutigen Benennung.

Rechts und links der Marienkrönungsgruppe sind Petrus
und Paulus anzunehmen, sodann Johannes d. Ev. und Jakobus
d. Ä., die beide anhand ihrer Attribute Kelch bzw. Pilgerklei-
dung eindeutig zuzuordnen sind. Außen im Schrein Andreas,
dessen Kreuz sich für diese Figur leicht vorstellen ließe, und
Philippus mit Kreuzstab. Im linken Flügel ganz außen Matthias
mit dem Beil. Im rechten Flügel ist neben dem nicht genau ge-
kennzeichneten grauhaarigen Apostel wohl Bartholomäus dargestellt. Darauf verweist die Gestaltung seiner schwarzen Haare; das ihn kennzeichnende Messer könnte er in der linken
Hand gehalten haben. Zwischen dem als Bartholomäus vorge-
schlagenen Apostel und dem heilige Nikolaus fällt eine Figur
aus dem üblichen Schema der Aposteldarstellung heraus. Während alle ande-ren mit Tunika und Mantel bekleidet sind, trägt
diese Figur Alba, Dalmatik und Kasel mit Pallium, analog zum
heiligen Nikolaus. In der linken Hand hält der Heilige ein
Buch, das Attribut in der Rechten ist verloren. So ist es zunächst kaum mehr wahrscheinlich, dass es sich bei dieser Figur

---

[113] Vgl. Wilhelm Neumann, Die Werke mittelalterlicher Holzplastik und
Malerei in Liv- und Estland. Lübeck 1892, S. 7-8. Ebenso Sten Karling,
Medeltida Skulptur i Estland. Göteborg 1946, S. 23-126 und die Bildun-
terschriften Fig. 114-117.

[114] Sie sind für das obere Register nicht veröffentlicht.

um einen Apostel handelt. Bei näherer Betrachtung erkennt man die Spitze eines Schwertes, das von hinten durch seinen Oberkörper gebohrt ist.[115] Dieses Schwert im Rücken kennzeichnet ihn als Apostel Matthäus. Für die Darstellung dieses Apostels im priesterlichen Meßgewand gibt es allem Anschein nach eine Tradition in Lübeck. Weitere Beispiele sind das Retabel der Bergenfahrer von 1524 in der Lübecker Marienkirche[116] und ein Retabel lübeckischer Herkunft in St. Nikolai in Mölln, hier ist Matthäus sogar im Nimbus benannt.[117] Diese Darstellungsweise des Apostels Matthäus im Messgewand bezieht sich auf sein Martyrium: „Als die Messe gefeiert war, sandte der König den Henker, der schlug Sanct Matthaeum, da er vor dem Altar stund und mit ausgebreiteten Händen betete, von hinterwärts mit dem Schwerte (...)".[118] Die bisherige Identifikation dieses Apostels mit Jakobus d. J. ist demgegenüber unwahrscheinlich.

Alle Skulpturen sind rückseitig sorgfältig bis auf wenige Zentimeter ausgehöhlt. Über Anstückungen und das Verhältnis von Fassmalerei und Schnitzerei lässt sich wegen des hervorragenden Erhaltungszustandes der Skulpturenfassung vorläufig

---

[115] Dies wird jedoch durch die Verschmutzung der Figur erschwert.

[116] Vgl.: Die Bau- und Kunstdenkmäler der Freien und Hansestadt Lübeck. Bd. II., Die Marienkirche. Lübeck 1906, S. 228 und Abb. ebenda. Diesen Hinweis gibt Joseph Braun, Tracht und Attribute der Heiligen in der deutschen Kunst. Berlin 1943, Stichwort „Matthäus".

[117] Hierbei handelt es sich um einen Zufallsfund meinerseits. Diese Darstellungstradition müsste bei der Durchsicht weiterer Werke nachgegangen werden. In Rodes Stockholmer Retabel von 1468 ist Matthäus in der üblichen Weise als Apostel dargestellt. Nach früheren Beispielen in der Malerei, z.B. in Schweden, müsste geforscht werden.

[118] Die Legenda aurea des Jacobus de Voragine. Übers. von Richard Benz. 11. Auflage Darmstadt 1993, S. 723. Anhand weiterer spuren müsste der Frage nach der Entstehung dieser Darstellungsweise nachgegangen werden. Eventuell handelt es sich um eine norddeutsche Tradition.

kaum etwas sagen.[119] Haare und Bärte sind bei allen Figuren etwas grob und schematisch in Wellenlinien dargestellt. Bei den männlichen Figuren fällt zudem die Vorliebe des Schnitzers auf, die Haare in einer Außenwelle um den Kopf zu legen. Die langen vergoldeten Haare Mariens und der Jungfrauen sind in dicke Strähnen gelegt, welche ebenfalls wellenähnlich geformt sind. Auffällig ist, dass der Schnitzer durch die Drapierung der Haare konsequent vermeidet, Ohren abzubilden. Die detaillierten Modellierungen der Gesichter scheinen geschnitzt und nicht erst während der Kreidegrundierung modelliert zu sein. Alle Figuren, sowohl die Stehenden wie diejenigen in der Predella, haben identische Nasenformen. Die Augen sind durch zylinderförmige Vorbuchtungen des Augapfels gekennzeichnet. Das darübergelegte Augenlid ist wohl ebenfalls geschnitzt. Aber auch Kinn und Doppelkinn, Falten über der Nasenwurzel, Augenbrauenbögen, Wangenknochen, Mundfalten und Lippen wurden wohl sehr fein geschnitzt. Die Fassung weicht zum Teil geringfügig von den geschnitzten Vorgaben ab, z.B. bei der Färbung der Lippen, die nicht ganz die vollen Lippen ausfüllt, und beim Augenbrauenbogen, der häufig oberhalb des geschnitzten liegt.

Die polychrome Fassung ist von sehr hoher Qualität. Dies wird schon daran deutlich, dass eine Vielzahl textiler Strukturen angedeutet wird, ohne dass sich ein Brokatmuster wiederholen würde. Für die Brokatmuster sind Strukturen z.T. sorgfältig in den Kreidegrund graviert bzw. tremoliert. Insgesamt lassen sich fünf unterschiedliche Techniken zur Imitation von Textilien feststellen. Bei Apollonia beispielsweise ist das Brokatmuster goldfarben und in der blauen Übermalung ausgespart. Bei Dorothea und Katharina ist das Muster mit roter Farbe auf eine nicht weiter strukturierte Goldfläche aufgetragen, bei Eleutherius und Laurentius mit blauer Farbe. Die Gewänder

---

[119] Hier fehlen wiederum die Ergebnisse der Moskauer Untersuchungen.

z.B. von Barbara und Anna sind zunächst durch Parallelschraffuren in der Grundierung mit einer Textilstruktur versehen, die anschließend vergoldet und mit einem Granatapfelmuster ausgestattet wurde. Die Technik des Tremolierens ist z.b. bei Maria und Cyriacus für die Brokatimitation eingesetzt; das eigentliche Muster ist beim Tremolieren ausgespart und farblich abgesetzt. Ohne farbliche Absetzung und in umgekehrter Weise werden die Mäntel der Figuren der Mittelgruppen gestaltet: Hier ist der Untergrund glatt und vergoldet, das Muster tremoliert. Auch die Säume von Gewändern werden durch eine Gravierung der Grundierung verziert. Eine Art Karomuster auf den Gewandsäumen von Eleutherius und Anna entsteht durch gegeneinandergesetzte Schraffuren.

Die Nimben der Figuren sind in einer großen Variationsbreite punziert, hierfür wurden Schalenpunzen einer einheitlichen Größe verwendet. Von auffälliger Qualität und Kostbarkeit sind auch die Applizierungen von Schmuckformen an den Skulpturen. Herausragend ist vor allem ein großer Bergkristall auf dem Mariengewand. Auch der Schapel beispielsweise von Cyriacus ist mit Bleiapplikationen verziert. Die kleinen Figuren hielten z.T. Spruchbänder aus Weichmetall (Zinn/Blei). An den Halbfiguren der Predella lassen sich noch Befestigungsspuren feststellen, die ebenfalls auf Spruchbänder schließen lassen. Neben der feinen Oberflächenbearbeitung trägt auch die feine Farbgestaltung zur hohen Qualität der Fassung bei. So wurde die Kinnpartie der jungen Männer durch eine leichte Grautönung abgesetzt, was Bartschatten andeutet. Dies gilt sogar z.T. für die kleinen Figuren. Die Männer erhalten bis auf eine Ausnahme - den Cyriacus - eine einheitliche braune Augenfarbe, die Frauen eine blaue. Charakteristisch für die Inkarnate der Skulpturen sind die kräftig roten Lippen und das großflächig aufgetragene Wangenrot. Die Gewänder sind farblich alternierend gestaltet: vorherrschend ist Gold, akzentuiert mit Blau und Rot. Die Thronbänke der Anna-Selbdritt-Gruppe und der Marienkrönung sind marmoriert dargestellt.[120]

Die Gestaltung der Skulpturenseite, gleichermaßen durch Schnitzerei wie Fassmalerei geprägt, verdient meiner Ansicht nach - wie schon die Malerei - eine etwas ausführlichere Würdigung. Es reicht eben nicht aus, die Gestaltung in zwei Registern als altertümlich abzutun.[121] Dabei wird nämlich die qualitätsvolle Abstimmung der Skulpturen aufeinander übersehen.

Einzelfiguren und Figurengruppen sind über Sockeln angebracht und werden von Baldachinen überfangen, die mit Maßwerk verziert sind und die Form eines halbierten Sechseckes haben. Die Figuren sind voneinander durch eine Art Strebepfeiler getrennt, der auf der Sockelzone aufsetzt und in einer Fiale endet. Diesem Strebepfeiler ist eine achteckige Säule, teilweise gewirtelt, vorgestellt, die über einem weiteren Sockel eine kleine Figur aufnimmt. Diese wird wiederum von einem Baldachin bekrönt. Die Halbfiguren der Predella werden ebenfalls durch Strebepfeiler voneinander getrennt, jedoch ohne Sockel und von einem einfacher gestalteten Blendbogen überfangen.

Jede Figur steht auf einem grünen Sockel und ist durch - teilweise verlorene - Attribute und die Kleidung ikonographisch bestimmbar. Die Faltenbildung kann – verkürzt - als stilisiert charakterisiert werden. Die Tendenz, Mäntel um den Körper zu ziehen und Stoffe zu raffen ist offensichtlich. Das Umklappen der Gewänder, wodurch Außenstoff wie Futter gezeigt werden, ermöglicht auch die reiche farbliche Gestaltung der Skulpturen in der Fassung. Dies geschieht unabhängig

---

[120] Interessant sind die Parallelen bezüglich der Farbfassungen der Werkstatt Bernt Notkes, Århus, Tallinn etc. Vgl. Kerstin Petermann, Bernt Notke: Studien zu Werkstattorganisation und Arbeitsweise. Phil. Diss. Kiel 1997 (Publikation in Vorbereitung).

[121] S. Karling, Medeltida Skulptur i Estland. Göteb.1946,S.126-127.

vom logisch nachvollziehbaren Faltenverlauf, Stoffqualitäten sind jedoch auf Grund der Faltenbildung zu unterscheiden, so zum Beispiel die Untergewänder und Brokatstoffe der Übergewänder. Die Faltenformen ergeben sich vorwiegend dadurch, dass sich Röh-renfalten konkav von konvexen Partien abheben. Die Falten sind mehrfach gebrochen, wirken knitterig. Die Proportionen der Figuren erscheinen etwas überlängt, die Köpfe im Verhältnis zu den Körpern tendentiell zu groß. Die Körperlichkeit der Figuren ist reduziert, wird von den Falten überlagert. Umrisslinien sind bis auf wenige Ausnahmen (Georg, Cyriacus) ununterbrochen, sie bilden etwa ein Oval, so dass die größte Ausdehnung in der Breite zumeist in der Mitte der Figur liegt.

Die Gestaltung aller Figuren - auch der Halbfiguren in der Predella - weist weitgehende Übereinstimmungen auf. Kleinere Abweichungen lassen sich durch unterschiedliche Aufgaben erklären: Es wird unterschieden zwischen jüngeren und älteren, männlichen und weiblichen Heiligen. Wahrscheinlich wurden alle Figuren vom selben Schnitzer angefertigt.[122]

Wesentliches Kennzeichen der Skulpturengestaltung sind die Bezüge der Figuren untereinander. Ganz offensichtlich orientiert sich jede einzelne Figur vor allem an ihrer Position innerhalb der Figurenreihe. Hierfür spricht z.B. die Körperhaltung. Die Skulpturen rechts und links außen sind jeweils leicht

---

[122] Auch die beobachteten technischen Übereinstimmungen sprechen für einen einzigen Schnitzer. Sten Karling: Medeltida Skulptur i Estland. Göteborg 1946, S. 127 stellt pauschal - ohne eingehende Begründung - eine ältere und eine jüngere Stilrichtung der Figuren fest. Dem folgt auch: Westeuropäische Plastik des 15. und 16. Jahrhunderts in den Museen der Sowjetunion. Leningrad 1988, S. 201: „An der großen Arbeit waren zweifellos mehrere Bildschnitzer beteiligt, was an der unterschiedlichen Ausführung der Altarfiguren leicht zu erkennen ist". Von unterschiedlicher Ausführung kann meiner Ansicht nach keine Rede sein. Zu überlegen wäre allerdings, ob Zubereiter Vorarbeiten ausführten.

nach innen gewendet. Innerhalb der Apostelreihe ist eine paarweise Anordnung festzustellen, die durch Körperhaltung und Kopfneigung angedeutet ist. Dabei wird auch die durch die Rahmen von Flügeln und Schrein gebildete Zäsur überbrückt. Diese Ausführung ist in jedoch nicht schematisch, sondern subtil und mit großer Variationsbreite durchgeführt.

Ein Mittel hierfür ist z.B. die alternierende Gestaltung, zu beobachten bei den Aposteln anhand des Motivs, ein Buch zu halten, abwechselnd in der rechten oder in der linken Hand. Verfolgt man dieses Motiv weiter, so wird die gezeigte Vielfalt eines solchen Motives deutlich: Matthäus hat den Buchrücken in seine Handinnenfläche gelegt, das Buch ist an den Körper angelehnt. Bartholomäus hält es mit seinem Daumen auf der einen und den übrigen Fingern auf der anderen Seite nach unten, während der Apostel daneben den Daumen zwischen die Seiten seines zugeklappten Buches gelegt hat und die anderen Finger auf dem Buchrücken liegen. Paulus hält einen Büchersack, Philippus sein Buch aufgeschlagen gegen seinen Körper gelehnt. Der Apostel ganz links im linken Außenflügel hält sein Buch mit seiner rechten Hand, die er in den Mantel gehüllt hat, der danebenstehende hält ein Buchsäckchen.

Noch etwas genauer sollen die Gestaltungsprinzipien anhand der vier Jungfrauen im unteren Register des rechten Flügels beschrieben werden (Abb. 6). Diese vier Jungfrauen sind alle annähernd gleich groß und frontal ausgerichtet. Es gibt weitgehende Übereinstimmungen untereinander. Dies betrifft z.B. die Ausführung der Haare. Die in dicke Strähnen gelegten goldenen Haare fallen rechts und links - je paarweise nebeneinander gelegt - über die Schulter vor dem Oberkörper herab. Übereinstimmungen reichen bis ins Detail: Mit Ausnahme von Apollonia löst sich bei allen auf Höhe der Ohren eine Welle etwas stärker vom Gesicht. Trotz der identischen Frisuren werden die Köpfe aber ganz subtil unterschieden. Teilweise ist der Kopf etwas mehr nach links, teilweise etwas mehr nach rechts geneigt, bisweilen lächelt die Figur etwas mehr, manchmal etwas weniger. Auch die Gesichtsfülle der einzelnen Figuren variiert. Hinzu kommt das alternierende Prinzip, so ist die Neigung der Körperhaltung durch die von Figur zu Figur wechselnde Ausformulierung des Spielbeins (rechts - links - rechts - links) bedingt. Die z.T. verlorenen Attribute wurden aller Wahrscheinlichkeit nach von einigen Figuren mit der rechten (Apollonia: Zange und Zahn, Barbara: Turm) oder mit der linken Hand gehalten (Dorothea: Körbchen, Katharina: Schwert).

Durch die Fassung wird dieses Prinzip zusätzlich unterstützt, die Gestaltung erhält zusätzliche Variationen: Die Brokatstoffe der vier Jungfrauen sind mit unterschiedlichen Mustern verziert, die Farben wechseln ab (Gold auf Blau, Rot auf Gold, Grün auf Gold, Rot auf Gold). Die Mäntel sind abwechslungsreich drapiert: mal um den Kopf gelegt, zwei Mantelzipfel über die Unterarme gezogen, nur eine Seite über den Arm gelegt oder vorne mit einer Tassel geschlossen. Die Fassung unterstützt auch hier alternierend die differenzierte Gestaltung: rotes oder blaues Innenfutter und entsprechend farbige Schapel.

Durch die beschriebene rhythmische und sehr reizvolle Gestaltung der Skulpturen wird das Betrachten der langen Reihe von Heiligenfiguren in zwei Registern außerordentlich abwechslungsreich. Diese qualitätvollen Figurenreihungen sind auch bei den Halbfiguren der Predella zu zeigen, die paarweise angeordnet sind und ursprünglich ein Ende ihrer Spruchbänder wohl abwechselnd mit der rechten bzw. der linken Hand hochhielten.

Beim Vergleich von Malerei und Skulptur des Retabels fallen zunächst Unterschiede auf. Bei den Madonnengesichtern überwiegt das Trennende. In der Malerei sind die Ohren stark betont, das Gesicht ist sehr weich modelliert und ebenmäßig. Bei der geschnitzten Madonna sind die Ohren vom Haar verhüllt, die Lippen recht voll, das Kinn kugelig, darunter zeichnet

sich ein Doppelkinn ab. Übergänge von Kinn, Hals und Oberkörper sind in der Malerei überzeugender und mit sanfteren
Übergängen gestaltet. Auch die Gesichtsform ist jeweils unterschiedlich. Die gemalten Gesichter entsprechen einem stren-
gen, länglichen Oval, die Partie zwischen Augenbrauen und
Nasen-spitze ist besonders ausgedehnt, dies findet in der
Skulptur keinerlei Entsprechung.

Beim Vergleich anderer Figuren werden jedoch auch Ü-
bereinstimmungen deutlich. Ganz eindeutig handelt es sich bei
dem Drachen des heiligen Georg um dasselbe Tier. Trotz der
unterschiedlichen Kopfhaltung sind die Ohren und Hörner am
Kopf und die schuppige Oberfläche bei Malerei und Faßmalerei übereinstimmend. Die Verwandtschaft von Malerei und
Skulptur ist auch anhand der beiden Nikolausdarstellungen
festzustellen, obwohl die Physiognomien - wie bei den Madon-
nen - eher unterschiedlich sind: Das Halten von Bischofsstab
links und Segensgestus rechts entspricht sich. Auch die Handhaltung von Barbaras Rechter auf den Außenflügeln findet in
der rechten Hand der geschnitzten Katharina ihre Parallele.
Selbst Falten-motive stehen miteinander in engem Zusammenhang. Deutliche Bezüge lassen sich z.B. zwischen Barbaras
Mantel auf der Außenseite und Petri Mantel feststellen: Das
Motiv der in einzelne kantig gebrochene Röhrenfalten zerleg-
ten, zur Dreiecksform neigenden Schüsselfalten, die auf die
Fläche aufgelegt sind, findet sich spiegelverkehrt an beiden Figuren. Ein weiteres übereinstimmendes Motiv ist der gesenkte
Blick, der sich auf den Außenflügeln bei Katharina, Barbara
und Georg, bei den geschnitzten Figuren häufig bei jungen
Männern (z.B. bei Cyriacus, Laurentius, Georg, Matthäus) fin-
det.

Über diese einzelnen gemeinsamen Motive weit hinausge-
hend ist die Form der Reihung von Heiligenfiguren miteinander verwandt. Die qualitätvolle, nuancenreich gestaltete Komposition und Rhythmisierung dieser Reihung verrät grundsätz-

lich denselben Erfinder. Wie lässt sich dieses Phänomen erklären?

Als Maler der Tafeln hat - wie bereits erwähnt - schon Adolf Goldschmidt Hermen Rode identifiziert. Ausschlaggebend hierfür ist der Vergleich mit dem Lukasretabel im St. Annen-Museum in Lübeck, das 1484 inschriftlich datiert ist und von Rode signiert wurde.[123]

Aufgrund der Übereinstimmungen scheint es für das Revaler Retabel wahrscheinlich, dass der Maler - Hermen Rode also - auch die Vorlagen für die Skulpturen gezeichnet hat.[124] Es ist wohl auch davon auszugehen, dass Rode als Grundlage für die Verhandlungen mit den Auftraggebern eine Visierung des gesamten Retabels anfertigte.

Zu fragen wäre bei dieser engen Verwandtschaft von Malerei und Skulptur auch, ob Maler und Fassmaler unter Umständen identisch sind. Dies ist allerdings auch methodisch schwierig.[125] Betrachtet man die Inkarnatgestaltung, so scheint die Fassung wenig mit der Tafelmalerei zu tun zu haben. Doch ist es problematisch, die Spannbreite der Gestaltungsmöglichkeiten eines Malers abzuwägen. Auch die Inkarnate von Außen- und Innenflügeln unterscheiden sich ja voneinander. Mir scheinen die Inkarnate der Skulpturen eher mit der Malerei der

---

[123] Einen genauen Vergleich beider Retabel habe ich in meinem Aufsatz: Lübeck und Reval: Zwei Altarretabel Hermen Rodes im Vergleich, in: Die Stadt im europäischen Nordosten – Kulturbeziehungen vom Lübischen Recht bis zur Aufklärung. Zweites internationales Symposium zur deutschen Kultur im europäischen Nordosten, 10.-13. September 1998 in Tallinn (Veröffentlichung in Vorbereitung) vorgenommen.

[124] Ohne genauere Begründung und ohne die enge Verwandtschaft der Komposition zu erkennen, geht auch Sten Kårling (Medeltida Skulptur i Estland. Göteborg 1946, S. 123) grundsätzlich von der Möglichkeit aus, dass Rode für die Skulpturen Zeichnungen angefertigt hat.

[125] Vgl. Eike Oellermann, Veit Stoß, Fassmaler seiner eigenen Werke? in: Veit Stoß, Die Vorträge des Nürnberger Symposions. München 1985, S. 169-182. Er nennt als einziges Kriterium ein besonderes Brokatmuster.

Predellen-innenflügel verwandt zu sein. Übereinstimmend sind beispielsweise die sehr helle Gesichtsfarbe und die starke Rotfärbung der Wangen.

Beschreibung, künstlerische Analyse und das dargestellte Bildprogramm des Revaler Retabels sollten in diesem Aufsatz im Mittelpunkt stehen. Dadurch ergeben sich Fragestellungen nach der ausführenden Werkstatt und der Zusammenarbeit von Maler, Fassmaler und Schnitzer. Meiner Ansicht nach ist dies von entscheidender Bedeutung auch für das Verständnis des gesamten Retabels. Es macht wenig Sinn, in traditioneller kunsthistorischer Manier nach Gattungen zu unterscheiden, wobei dann immer auch die Fassmalerei zu wenig Berücksichtigung findet.

Abb.1 HERMEN RODE, Hochaltarretabel
der St. Nikolai-Kirche zu Reval v.1481
Außenflügel, links (v. Betrachter aus gesehen)

Abb.2 HERMEN RODE, Hochaltarretabel
der St. Nikolai-Kirche zu Reval v.1481
Außenflügel, rechts (v. Betrachter aus gesehen)

Abb.3 HERMEN RODE, Hochaltarretabel
der St. Nikolai-Kirche zu Reval v.1481
Innenflügel, gesamt

Abb.4 HERMEN RODE, Hochaltarretabel
der St. Nikolai-Kirche zu Reval v.1481
Skulpturenseite, gesamt
(Historische Aufnahme Foto Marburg)

Abb.5 HERMEN RODE, Hochaltarretabel
der St. Nikolai-Kirche zu Reval v.1481
Mittelschrein

106

Abb.6 HERMEN RODE, Hochaltarretabel
der St. Nikolai-Kirche zu Reval v.1481
4 heilige Jungfrauen
im unteren Register des rechten Flügels

DIE LANGE SEESTRAßE - DIE HAUPT-STRASSE DER HANSESTADT REVAL

Jüri Kuuskemaa

Zwischen dem Tor am Langen Domberge und der Großen Strandpforte (Abb. 1) erstreckt sich auf einer Länge von 800 Metern eine bebaute wellige Strecke mit 73 Grundstücken auf beiden Seiten. Es ist die Pikk oder die Langstraße mit den früheren Namen Strandstrate (1362), platea stagnalis (1375), longa rega (1367), longa platea (1377), lange strate (1391).

Die Straße verbindet die Burg auf dem Domberg mit dem Hafen und ist auch die historische Gildenstraße gewesen, weil hier die Versammlungshäuser von allen Kaufmanns- und Handwerkergilden stehen: die Große Gilde, (Abb. 2) St. Kanuti-Gilde, St. Olai-Gilde und die Bruderschaft der Schwarzhäupter. Dreizehn Straßen und zwei Gänge, von denen vier zum Hauptplatz - zum Großen Markt mit dem Rathaus - führen, münden in die Pikk. Von den kirchlichen Institutionen gibt es hier die Heiligengeistkirche (im Mittelalter als Ratskapelle und Siechenkirche zugleich benutzt) und die Olaikirche, monumentalste Kirche der Stadt, als Seezeichen angelegt. Später befand sich hier auch die Admiralität (im ehemaligen Rosen´schen Stadtpalais, Langstr. 28).

Die Unregelmäßigkeit der Langstraße (Abb. 3a) wurde durch die ursprünglichen natürlichen Bedingungen noch nicht bebauter Landschaft hervorgerufen: die Krümmung der Straßenführung folgt der Grenze einer natürlichen Sandbank am ehemaligen Meeresstrand. Die jetzige Langstraße ist an Stelle eines früheren Landweges entstanden, das steht außer Zweifel. Aber wann geschah dies?

Nach den letzten städtebaulichen Untersuchungen von R. Zobel geht die Vorgeschichte der Hansestadt Reval bis ins 11. Jahrhundert zurück. Die frühe Stadt - ein Wiek-ähnlicher internationaler Handelsplatz mit den vier Komponenten Hafen, der Handelsstelle, ausländischen Kaufmannsfaktoreien für skandinavische und russische Kaufleute und einer Estenburg auf dem jetzigen Domberg zum Schutz der vorbenannten Einrichtungen - dürfte im 11.-12. Jahrhundert entstanden sein.

Wie allgemein gut bekannt ist, wurde der Große Seeweg „von den Normannen zu den Griechen" durch den Finnischen Meeresbusen schon in der 2. Hälfte des 11. Jahrhunderts angelegt. Nach den heutigen Vermutungen fanden die ausländischen Kaufmannsschiffe zuerst Windschutz vor Stürmen in der Mündung des Pirita-Flusses, in der Nachbarschaft der damaligen Hauptburg des Estenlandes Rävala/Revalia. Als die Burg Iru von den Esten verlassen wurde - es geschah im 11. Jahrhundert, wahrscheinlich nach dem von dem russischen Fürsten Jaroslaw dem Weisen geleiteten Kriegszuge im Jahre 1030 -, wurde die neue Estenburg Lindanise oder Kolövan gegründet. Die von vielen Historikern bezweifelte Annahme der Gründung einer Russenkirche durch Jaroslaw darf nicht zur chauvinistischen Phantasie gehören.

Der Ortsname „Berg Tabor" gehört zu den vergessenen Alt-Revaler Toponymen. Die Stelle versteckt sich zur Zeit hinter zwei unhistorischen Straßennamen: Sulevimäe und Olevimäe, welche beide früher Brockusberg genannt wurden, nach dem Brockhusenschen Hause. Dort, wo in der Winkelgasse eine Druckerei steht, war bis zum Jahre 1380 die erste russische Kaufmannskirche. Diese ist dokumentiert in Turmverzeichnissen, in denen ein Wehrturm der Stadtmauer zwischen der Kleinen Strandpforte und dem Turme „achter Hattorpe" als hinter der alten russischen Kirche belegen, bezeichnet wird. Die slawische Benennung „Berg Tabor" deutet darauf hin, dass hier ursprünglich bei der Kirche in den Sommermonaten die Zelte von russischen Kaufleuten gestanden haben, bis dort die Stadtmauer und daneben steinerne Bürgerhäuser angelegt wurden.

Berg Tabor, eine Sanderhöhung, war in der nächsten Nachbarschaft mit dem damaligen Hafen vor der Kleinen Strandpforte, wie die geologischen Untersuchungen der Entwicklung der historischen Strandlinie beweisen. So nahm die russische Faktorei vor dem Hafen eine günstigere Position ein als im Gebiet der Olaikirche, wo nach allgemein verbreiteten Vorstellungen vor der dänischen Kolonisation die Faktorei der skandinavischen Kaufleute stand. Es kann auf die spätere Gründung hindeuten.

Der Vorgänger der Langstraße, die Strantstraße, verband die beiden Faktoreien mit dem Handelsplatz am Fuße des Burgberges. Dieser Handelsplatz könnte zuerst vor dem Tor des langen Domberges gelegen haben und in einer zweiten Phase der Entwicklung auf die Stelle des Großen Marktes, auf den jetzigen Rathausplatz, verschoben worden sein. Am Nordende führte der Lange Weg zum Fischerstrand weiter und zur Vorstadt Fischermai, welche ohne Zweifel zum ältesten Siedlungsgebiet der Stadt gehörte.

Die Langstraße wurde von beiden Enden zur Mitte bebaut. Wenn wir an P. Johansens Revaler städtebauliche Untersuchungen erinnern, dürfen wir den Ursprung der ganzen Bebauung an der Langstraße in die Zeit der dänischen Herrschaft zurückführen, während der die Gildestadt um St. Olai und die Ratsstadt um den Rathausplatz verschmolzen. Es stimmt auch mit den Untersuchungen von R. Zobel überein, der festgestellt hat, dass die nach 1265 angelegte „Mauer der Königin Margarethe" nur die junge Ratsstadt umfaßte, während die Gildestadt separate Befestigungen hatte, bis 1310 auf Befehl von Johannes Kanne die Vereinigung der beiden Stadtteile begonnen wurde.

Um etwa 1355 wurde die Stadtmauer auf der heutigen Linienführung vollendet. Damals war die Große Strandpforte in erster Phase schon erbaut. Aus den Rudimenten der Gildestadt ist zur Zeit noch erkennbar der Grünmarkt, wo noch im vorigen Jahrhundert mit Gemüse und Fischen gehandelt wurde. Dahinter, auf der Höhe von Langstr. 32, befand sich „de olde kumpenie", möglicherweise das ursprüngliche Rathaus der Gildestadt (noch 1433 war auf dieser Stelle ein Privathaus mit dem früheren Namen im Grundbuch genannt). Die administrative Vereinigung der Gildestadt mit der Ratsstadt dürfte um 1370 durchgeführt worden sein, weil in den Steuerverzeichnissen des Rates aus dem Jahre 1369 nur 172 städtische Haushalte stehen, während es im Verzeichnis aus dem Jahre 1372 schon 550 Haushalte gibt.

Die Kirchen und die Gildehäuser, auch die Wehranlagen auf der Langstraße, sind durch mehrere Forschergenerationen sorgfältig untersucht worden, und deshalb scheint es sinnlos, in einem kurzen Vortrag sich auf die bekanntesten Baudenkmäler der Straße zu konzentrieren. Wenn wir von den Gebäuden mit 73 Grundstücksnummern die früheren öffentlichen Gebäude beiseite lassen, bleiben für unser Interesse noch 69 als Privathäuser oder -speicher angelegte Bauten, von denen nur die Häusergruppe „Die drei Schwestern" (Abb. 4) die allgemeine Anerkennung als spätgotisches Bürgerhaus genießt.

Zum jüngsten Ereignis der Tallinner Bauforschung gehört das neuerschienene Lexikon „Eesti arhitektuur. 1. Tallinn" (Tallinn, 1994). In diesem Bande sind Kurzartikel über die 25 Bürgerhäuser der Langstraße zu finden, welche damit die Ehre erfahren haben, zu Baudenkmälern zu gehören. Zu dieser Zahl gehören 16 Grundstücke mit 23 Bürgerhäusern, welche noch dominierend mittelalterliche Baupläne und Bausubstanz (Abb. 3b) haben, sogar wenn an der Fassade an die Gotik fast nichts mehr erinnert. Im Lichte der neuesten Forschungen dürfte man diese Anzahl noch vergrößern, weil einige von außen sehr schlichte Häuser ihre verborgenen Ursprünge aus der Hansezeit nur in den letzten Jahren erkennen ließen (z.B. Langstr. 30 und 45).

Die gute dokumentale Basis für Bürgerhausforschungen haben Doz. L. Tiik und R. Kangropool geschaffen mit nach Grundstücken systematisierten Auszügen aus den Archivalien: aus Grundstücks- und Erbebüchern der Stadt, Steuerverzeichnissen u.a. So wird es möglich, die Besitzer von allen Grundstücken in der Unterstadt spätestens seit dem Anfang des 15. Jahrhunderts bis in das 20. Jahrhundert kennen zu lernen. Für viele Grundstücke ist die Besitzerreihe bis Mitte oder in einigen Fällen sogar bis Anfang des 14. Jahrhunderts zurückzuführen. Wie wichtig es ist, kann jeder Bauhistoriker verstehen, wenn verschiedene undatierte Baukonstruktionen mit Hausmarken oder Wappen zur Schau kommen (Innenportale, Fenstersäulen, Kaminsteine). Auch kommen in Archivalien Verzeichnisse der Nebengebäude auf den Grundstücken vor. Nur Archivalien lassen uns erkennen, dass z.B. an der Stelle des Hauses Langstr. 44 schon 1367 ein Bürgerhaus aus Stein bestand, während Langstr. 42 noch bis zur Mitte des vorigen Jahrhunderts ein Speicher war.

Zum Vergleich mit dem späteren Baubestand der Straße sind auch viele alte Stadtpläne mit allen Grundstücken und Aufzeichnungen von allen Straßenfassaden aus dem Jahre 1825 zu benutzen. Außerdem gibt es verschiedene Umbaupläne aus den Jahren 1825-1870 im Tallinner Stadtarchiv und Historischen Zentralarchiv zu Tartu. Um nur ein Beispiel von der Entwicklung einer Fassade zu bringen, vergleichen wir den heutigen Zustand des Hauses Langstr. 33 mit dem früheren. Außer der unteren Fensterzone basiert klassizistisches Aussehen des Hauses von der Straßenseite auf einer von dem Gouvernementsarchitekten Johann Bantelmann im Jahre 1826 gezeichneten Kulissenfassade mit dem niedrigen Fronton und reichen Putzdekor. Die großen unpassenden Vitrinenfenster „verdankt" das Haus dem Umbau am Anfang unseres Jahrhunderts, als die Pest-ähnliche Vitrinenbauepidemie fast bei der Hälfte der Häuser an der Langstraße wütete. Wie das Haus vor der Klassizisierung aussah, ist 1825 aufgezeichnet. Es war ein typisches spätgotisches Giebelhaus mit gotischem Portal und Speicherräumen über dem Vorhaus. Die Breite des Giebels erinnerte daran, dass vor der Spätgotik hier zwei Gebäude standen: links ein Wohnhaus, rechts ein kleinerer Speicher über dem Gang zum Hof. Der Bauplan des heutigen Kellers bestätigt die Annahme und überrascht damit, dass hinter der klassizistischen Fassade bis heute der mittelalterliche Grundriss erhalten ist, die sogenannte Diele-Dornse-Gliederung. Der mittelalterliche Giebel ist auf der Hofseite erhalten. Im neuen Treppenhaus sind die alten Hausteine mit bürgerlichen Wappen aus der Mitte des17. Jahrhunderts befestigt. Im mittelalterlichen Familienraum (Dornse) steht an ursprünglicher Stelle ein steinernes spätgotisches Innenportal mit bemalten Hausmarken und behauenem geometrischem Dekor. Dahinter beginnt die Mauertreppe in den Keller, und auch ein schlichtes spitzbogiges Portal zum Nebenzimmer blieb erhalten. Weil das Haus noch nicht gründlich untersucht ist, könnten gewisse Konstruktionen aus der Hansezeit noch verdeckt sein und erst bei bevorstehenden Sanierungsarbeiten freigelegt werden. Zum Hause Langstr. 33 gehören zwei interessante Nebengebäude auf dem Hof: ein mittelalterlicher Wohnspeicher mit vielen alten Konstruktionen und ein Wohnhaus, an dessen Fassade zwei Oberteile von früheren Beischlagwangen mit kalligraphischen Motiven eingemauert sind.

Das Beispiel des Bürgerhauses Langstr. 33 ist für die Straße ganz typisch und erlaubt uns, über Kulissenarchitektur zu sprechen: Die heutige Fassade gehört einer verhältnismäßig späten Zeit an und verdeckt die mittelalterliche Bausubstanz dahinter. Von Kulissenarchitektur dürfen wir auf der Langstraße oft reden. Damit hat schon der Holländer Arent Passer angefangen, als er 1597 ein Bürgerhaus zum Gildehaus für die Schwarzhäupter umbaute. Die gotischen Wohnhäuser für Kaufleute und Handwerker wurden so kapital aus grauem Kalkstein gebaut, dass es für viele folgende Generationen unzweckmäßig erschien, diese abbrechen zu lassen und durch neues Mauerwerk zu ersetzen. So wurden die Fassaden und Innenräume nur teilweise renoviert.

Als in der Schwedenzeit der Transithandel nicht mehr so intensiv war wie früher, verloren die vielen Lagerräume unter den sehr hohen Giebeln ihre Bedeutung (es gab zwei bis vier Speicherstöcke in einem Hause zur Straßenseite). Unnötige Speicherräume wurden teilweise in Wohnräume umgebaut, teilweise liquidiert, wenn die Giebel niedriger gemacht wurden (um das Dachmaterial zu sparen). Beim Modernisieren blieb die dekorative Malerei auf hölzernen Konstruktionen und steinernen Fenstersäulen, Kaminsteinen und Innenportalen populär. Das 17. Jahrhundert war eine Blütezeit der steinernen Plastik in den Wohnräumen. Auch gab es dekorative Wandmalereien. Im 18. Jahrhundert verliert die steinerne Skulptur ihre frühere Bedeutung. Dagegen bekamen die Malermeister mehr Aufträge in der Spätbarock- und Rokokozeit für Plafonds aus Leinwand und Wandmalereien. Aus dem Hause Langstr. 64 stammt ein Plafond mit einer Fläche von etwa 40 m2 , auf welchem nur der Himmel mit Wolken und fliegenden Schwalben zu sehen ist, in der Umrahmung von bemalten Rocaillen. Dass die Decken aus gehauenen Kiefernbalken sogar in kleineren (15-20 m2) und niedrigen Wohnstuben (250-300 cm) bemalt waren, gehörte zur Regel. Zum Dekor gehörten zumindest goldene Sterne auf blauem Grund, wenn die Balken nicht ganz mit Akanthusranken übersät waren oder gar figürlichen Dekor hatten.

Auf der Langstraße sind bisher ernstere Forschungen nur in öffentlichen Gebäuden und in acht Bürgerhäusern vorgenommen. Zu benennen sind das Doppelhaus Nr. 7, das dreiteilige

Haus Nr. 30, Nr. 45, 55, 46, 52, 69 sowie der hintere Wohnblock der Häusergruppe „Die drei Schwestern", Langstr. 71. Bei Forschungs- und Sanierungsarbeiten sind viele Decken mit dekorativen Malereien (Akanthus-, Blatt- und Bandornamentik, ein Plafond mit Justitia, Langstr. 7a), bemalte Fensternischen, vermauerte Treppen mit dazugehörigen Innenportalen oder deren Fragmente, Hypokaustöfen, Schornsteine mit Ecksäulen, Nischen, Fensterrahmen, -leibungen und -säulen mit skulptiertem und bemaltem Dekor, Wappensteine, Kamine, Ofenkacheln und Wandmalereien entdeckt, freigelegt und konserviert worden. Nicht alles davon gehört zur Gotik. (Abb. 5) Vieles von den gefundenen historischen Innenausstattungen gehört zur Renaissance, zum Barock und zu späteren Stilepochen, auch zum Historismus (Nr. 52).

Die für die Revaler mittelalterliche Bauschule besonders spezifischen dreieckigen hohen Giebel mit Blendnischen sehen wir nur bei vier Häusern (Hausnummern 10, 43, 71a und 71b). (Abb. 6) Dominierend mittelalterliche Giebel haben auch die Häuser Nr. 15, 30c, 69b, 71c. Von den letzteren darf der Giebel des Hauses Nr. 15 eigentlich als Erfolg einer Vergrößerung aus der Schwedenzeit bezeichnet werden, da noch 1522 auf diesem Grundstück ein Wohnhaus und drei Speicher nebeneinander standen. Einen Besitzer dieses kleinen Wohnhauses kennen wir nach dem Donatorbilde im Altar von Bernt Notke in der Heiliggeistkirche: Es war Bürgermeister Dirik Hagenbeke, Vorsteher der Heiliggeistkirche (gestorben 1482).

Glücklicherweise gibt es bei der Langstraße keine leeren, unbebauten oder ruinierten Grundstücke. So scheint die historische Hafen- und Gildenstraße von dem Ehrgeiz moderner Architekten verschont zu sein, hier moderne Neubauten zu errichten.

Bleibt zu hoffen, dass im nächsten Jahrhundert der verborgene Kunstreichtum der Alt-Revaler Bürgerhäuser bei Sanierungsarbeiten sorgfältig freigelegt und konserviert wird. Dazu gibt es noch viele Möglichkeiten.

116

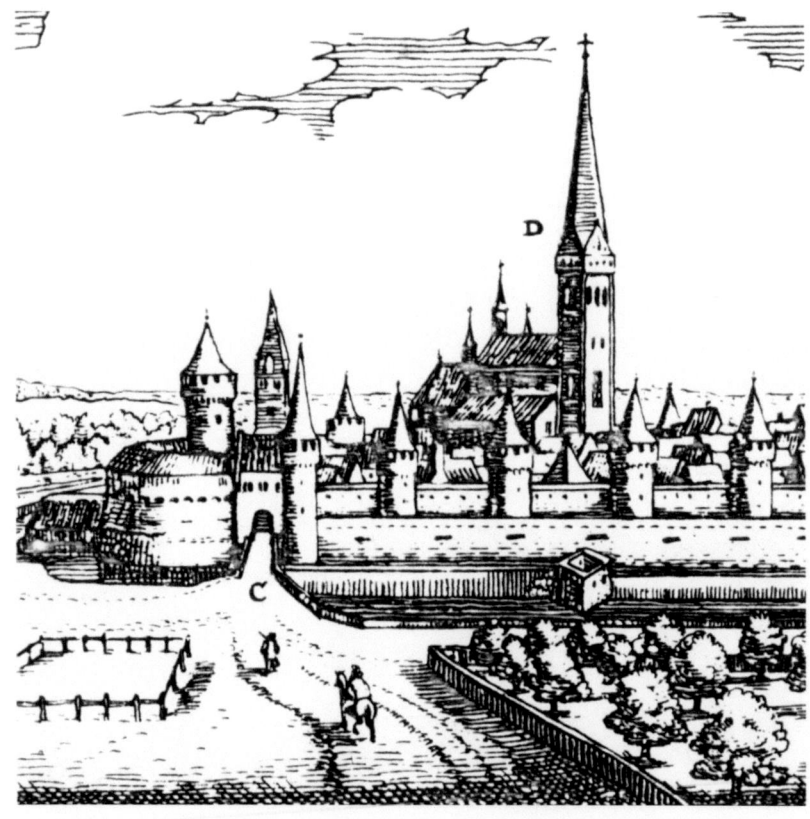

Abb. 1 Die Große Strandpforte, der Haupteingang in die Hansestadt Reval zur Hauptstraße der Stadt – der Langstraße (estn. Pikk). Daneben rechts die Olaikirche, deren Turm im Mittelalter 159 m (Weltrekord) betrug bis ein Blitzschlag den Turmhelm vernichtete. Nur der Turm des Ulmer Münsters beträgt 161,65 Meter.

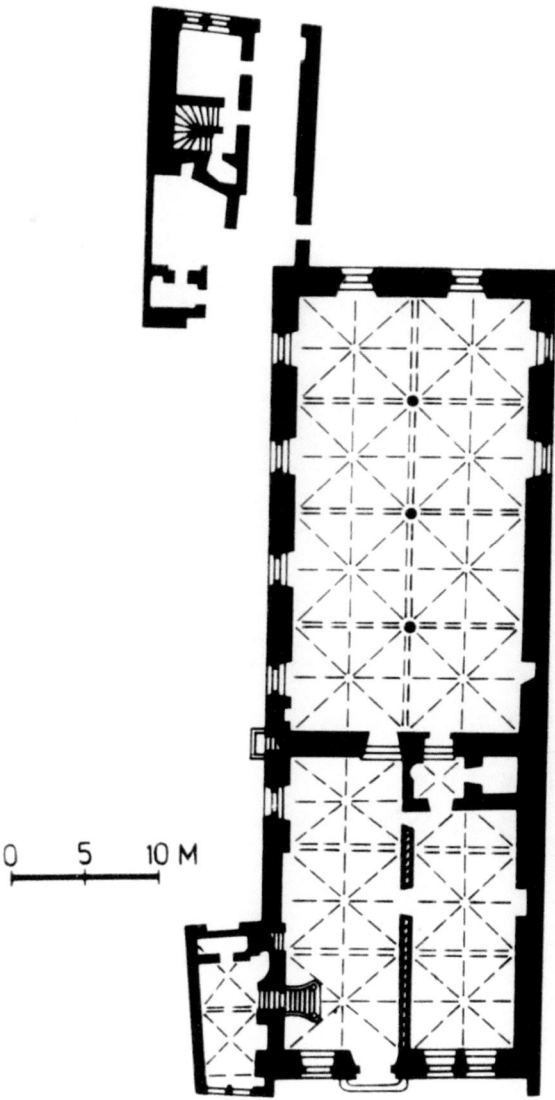

Abb.2 Die große Kaufmannsgilde (1410), das zweitwich-
tigste Profangebäude in der Hansestadt Reval nach dem Rathaus. Typisch für Reval ist der zweischiffige Festsaal.

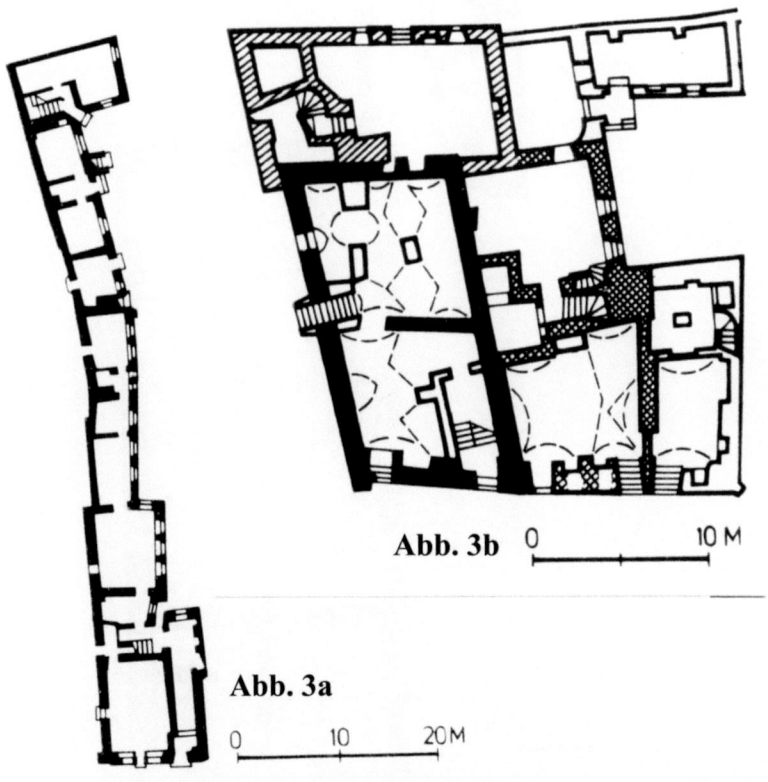

Abb. 3b 0   10 M

Abb. 3a

0   10   20 M

Abb. 3a Die unregelmäßige Langstraße von dem Ketten-
haus bis zur Breitstraße.

Abb. 3b Grundriß der „Drei Schwestern"

Abb.4 Häusergruppe "Die drei Schwestern".
Anfang des XV. Jahrhunderts

Abb.5 Ein Stil folgt dem Anderen. Portal – gotisch,
die Tür drei Jahrhunderte jünger – klassizistisch.

Abb. 6 Giebel der "größten Schwester"
mit typischen Blendnischen für Reval

DAS GOTISCHE „NEUE HAUS" ZU RIGA – DAS SPÄTERE SCHWARZHÄUPTERHAUS

Gunārs Jansons

Im heißen Sommer 1941 hat die lettische Hauptstadt den schwersten Verlust erlitten, den ein Krieg einer alten Stadt überhaupt antun kann. Die Gebäude des Rathausplatzes und die angrenzenden Viertel der Stadtmitte mit ihren hervorragenden Denkmälern der Rigaer Geschichte und Architektur, der St. Petri-Kirche, dem Rathaus und dem Schwarzhäupterhaus, lagen in Schutt und Asche.

Für den Wiederaufbau der Altstadt gab es weder ein Konzept noch Vorschläge zum Erhalt der Ruinen. Schon 1941 waren nahezu alle Trümmer abgeräumt worden. Nur die Ruinen der drei bedeutendsten Gebäude blieben erhalten und wurden zum Teil konserviert: die St. Petri-Kirche, das Rathaus und das Schwarzhäupterhaus.

In den ersten Nachkriegsjahren starteten die neuen Machthaber eine Kampagne gegen alle Zeugnisse materieller Kultur, die die Verbundenheit Rigas mit den Städten Westeuropas bezeugten. Mit vereinigten ideologischen, wirtschaftlichen und städtebaulichen Vorwänden begann eine Aktion gegen das „unbequeme" historische Erbe, und die Ruinen mussten verschwinden. Im Juni 1948 wurden die Mauern des Schwarzhäupterhauses gesprengt, und zu Anfang der 50er Jahre trug man die Reste des Rathauses ab. Bald wurde an der Nordseite des ehemaligen Rathausplatzes ein Neubau der Parteischule errichtet, wo vordem das Rigaer Polytechnische Institut beheimatet war. 1970 erbaute man ein Museumsgebäude der „Lettischen Roten Schützen" - fast an der Stelle, an der das erhaltene

Fundament des Schwarzhäupterhauses lag. An der Südseite des Platzes, über der ehemaligen Bebauung des Rathauses, entstand eine Grünanlage. Das Schwarzhäupterhaus blieb nur noch in der Geschichte, Literatur, auf Fotos und im Gedächtnis der älteren Rigaer Bürger als Erinnerung erhalten.

Der Name des im Vorkriegs-Riga so bekannten Gebäudes, das seine Popularität heute allmählich zurückerhält, ist in Wirklichkeit ziemlich neu. Während wir das Alter des Hauses auf ein wenig mehr als 600 Jahre einschätzen können, besteht die Bezeichnung „Schwarzhäupterhaus" erst seit zwei- bis dreihundert Jahren. Bis dahin hieß das Haus: das „Neue Haus". Es ist ziemlich paradox, dass dreizehn Generationen das jahrhundertealte Gebäude „Neues Haus" bezeichnet hatten. Wahrscheinlich besass dieser im 14. Jahrhundert gegebene Name einen starken emotionalen Inhalt.

Man muss das „Neue Haus" jenen alten Gebäuden Rigas zurechnen, deren Entstehungszeit dokumentarisch nicht genau nachweisbar ist. Das erlaubte den Historikern, unterschiedliche Ansichten zu äußern. Es ist bekannt, dass die erste Geschichte des „Neuen Hauses" in der Mitte des 17. Jahrhunderts vom Rigaer Ratsherrn und Stadtarchivar Johann Witte aufgezeichnet wurde.[126] Dieser Arbeit ist die später kontrovers diskutierte Interpolation des sog. „Kreygeschen Schrages" beigelegt, die Witte als ein Beweis dafür gilt, dass ein gewisser Dietrich Kreyge das Haus im Jahre 1390 erbaut hat.

G.T. Tielmann stützt sich in seiner „Geschichte der Schwarzen Häupter in Riga"[127] auf die erwähnte Arbeit von Witte, doch drückte erst der Historiker J.G.L. Napiersky wirklich neue Meinungen über die Bauzeit des „Neuen Hauses" aus. Er erklärte, dass der Bau des „Neuen Hauses" nach dem

---

[126] Johann Wittes Collectaneen: Bd 1, S. 315-318 (Pēc H. Splita norades, ap 1634. gadu - Valsts arhīva Riga). Siehe „Geschichte des Rigischen Neuen Hauses ..". von Dr. Herbert Spliet. - Riga, 1934, S. 28.

[127] G.T. Tielemann, Geschichte der Schwarzen Häupter in Riga -1831.

Verlust der Großen Gildestube durch den Sieg des Ordens über Riga im Jahre 1330 begonnen worden sei. [128] Diese Datierung des „Neuen Hauses" wurde später als möglich und dem Verlauf der historischen Ereignisse entsprechend anerkannt, so von dem Architekturhistoriker W. Neumann[129] und auch von H. Spliet.[130] Die weiteren Forschungen gründeten sich hauptsächlich auf diese Arbeiten. Eine erste die stilistische Einschätzung des Schwarz-häupterhauses gelang dem Kunsthistoriker B. Vipers.[131]

Einen neuen Impuls für die Erforschung des Schwarzhäupterhauses gab seine Zerstörung im Jahre 1941. Bei der Untersuchung und den Ausgrabungen in den Trümmern des Hauses konnte man die Mauerreste und die Fragmente der Bauplastik näher betrachten. In der zur großen Wetterfahne gehörigen Reiterfigur des Heiligen Georg wurden Dokumentationsinschriften festgestellt. Einer der Leiter der Untersuchungsarbeiten, Architekt P. Arends, fasste die Erkenntnisse in einer Betrachtung zusammen.[132] Eine kurze architektonische Einschätzung gab auch der Architekt A. Krumins,[133] aber ein Jahr später, schon am Vorabend der Zerstörung der Ruinen, wurde sie nochmals von B. Vipers[134] gegeben.

---

[128] J.G.L Napiersky, Zur Geschichte des Schwarzhäupterhauses in Riga. in: Mitteilungen aus der Livländischen Geschichte 1886/Mitteilung XIII, S. 264-266.

[129] W. Neumann, Das mittelalterliche Riga. Berlin 1892.

[130] H. Spliet, Geschichte des Rigischen Neuen Hauses, des später sogen. Koenig Artus Hofes, des heutigen Schwarzhäupterhauses zu Riga. Riga 1934.

[131] B. Vipers, Latvijas māksla baroka laikmeta. Riga 1937.

[132] P. Arends, Melngalvju nams Rīga. Riga, 1943.

[133] A. K. Krumin, Riga-Moskau, 1947, S. 31-33 (Russisch).

[134] B. Viper, Dom Tschernogolovih v Rige Pamjatniki iskusstva, rasruschennije njemezkimi sahvatcikami v SSSR. Moskau/Leningrad 1948, S. 459-478 (Russisch).

Nach 20 Jahren Vergessenheit wandte man sich unerwartet erneut der Geschichte des Hauses zu, als die Bauarbeiten des erwähnten Museumsgebäudes begannen. Im Sommer 1969 wurden begrenzte archäologische Ausgrabungen in der Nähe des „Neuen Hauses" organisiert, im selben Jahr hatte der Historiker R. Malvess umfangreiche Forschungen durchgeführt,[135] in denen er die Quellen zur Errichtung des „Neuen Hauses" im Zusammenhang mit der Baugeschichte der Gildestube und des Franziskaner-Klosters zusammengestellt hat. In dieser Arbeit ist auch die seit dem 17. Jahrhundert bekannte Version über ein „zerstörtes St. Katharinen-Frauenkloster am Markt" als Vorgängerbau des „Neuen Hauses" betrachtet und in Abrede gestellt worden.[136] Mit den baugeschichtlichen Fragen des „Neuen Hauses" hat sich auch der Autor des Referates beschäftigt.[137]

Wie schon gesagt, ist eine genaue Datierung der Entstehungszeit des „Neuen Hauses" nicht möglich. Eine bestimmte Ungewissheit besteht auch hinsichtlich der Erklärung der Lage des Gebäudes. Es gibt jedoch keinen Zweifel, dass schon bei der ersten Bebauung auf dem rechten Ufer des Riga-Flusses die Stadtplaner die Möglichkeit einer Vergrößerung erwogen hatten. Ein Beweis dafür ist die schnelle und zweckmäßige Erweiterung der Stadt, die im Zeitabschnitt einer Generation verwirklicht wurde.

---

[135] R. Malvess, Petijumi, materiali par arhītekturas pieminekli - Jauno, vēlak Melngalvju namu.Riga 1969, S. 180 (in Schreibmaschinenschrift im Archiv des Restaurierungsinstitutes).

[136] Die Hypothese ist näher vom Historiker A. Jansons in seiner Arbeit „Dažas senas liecibas par Melngalvju namu" betrachtet worden. Riga 1968, S. 5 (in Schreibmaschinenschrift im Archiv des Restaurierungsinstitutes).

[137] G. Jansons, Vēsturiska izpete Rīgas Melngalvju nama rekonstrukcijai. Riga 1991, S. 125 (in Schreibmaschinenschrift in der Kulturstiftung Lettlands).

Man kann mit Wahrscheinlichkeit annehmen, dass das erste Rathaus, von dem bekannt ist, dass es an der Tirgonu-Straße gestanden hatte, sich auf demselben Platz befand wie das spätere. Eine solche Möglichkeit hat der Historiker J. Straubergs in Erwägung gezogen[138] und, wenn es so war, dann war die Situation des „Neuen Hauses" kein Zufall: das „Neue Haus" für gesellschaftliche Veranstaltungen befand sich direkt im Stadtkern, in unmittelbarer Nähe zum Rigaer Rat, der ein besonders Interesse an der Benutzung des Hauses hatte. Um 1350, nicht lange nach dem Bau des „Neuen Hauses", war auch das neue Rathaus hinzugefügt worden (Abb. 1).

Der viereckige Grundriß des „Neuen Hauses" ist nur an der Marktseite regelmäßig. Die Rückwand verläuft schräg. Die einzige Erklärung für diese Tatsache könnte sein, dass die Svaru-Straße schon bestanden hatte und die Errichter des Hauses eine bereits bestehende Bebauung beachten sollten. Angefangen mit dem Jahr 1334, wurden in den Einnahmebüchern die „Buden" als Nachbarn des „Neuen Hauses" genannt,[139] doch was für eine Bebauung dort gestanden hatte, wird vielleicht mit Hilfe der ar-chäologischen Ausgrabungen genauer festgestellt werden können.

Die Bauarbeiten, die mit verschiedenen Renovierungen oder Umbauten im Zusammenhang standen, sind erst seit dem Jahr 1485 dokumentarisch belegt. Zu den bedeutungsvollsten Bestätigungen, die sich auf das Ende der gotischen Zeitperiode beziehen, gehören die bis heute erhaltenen großen Beischlagsteine, die 1522 vom Meister Reynken geschaffen worden sind und beiderseits der großen Freitreppe standen, die zum Markt, dem späteren Rathausplatz, führte. Mit dem Jahr 1545 werden einige Umbauten im hölzernen gotischen Innenraum des Fest-

---

[138] J. Straubergs, Veca Rīga. Riga 1951, S. 80.

[139] Die libri redituum der Stadt Riga. Nach den Originalhandschriften herausgegeben von J.G. Napierski. Leipzig, 1881.

raum des Festsaales in Verbindung gebracht, aber erst das Jahr 1581 wird mit dem Anfang von größeren Arbeiten verbunden, als die gotische Fassade mit Verzierungen im Stil des Manierismus bereichert wurde. Im letzten Jahrzehnt des 16. Jahrhunderts waren größere Geldsummen für die Bezahlung der Arbeit von „holländischen Maurern" und wohl für die Herstellung von zwei Löwenfiguren aus Lübeck bestimmt.

Bis 1625 waren die meisten Arbeiten an der Fassade durchgeführt, die aus Sandstein und Eisen gefertigten Kleinformen, aber auch die große Wetterfahne und die astronomische Uhr einschließend. Zu vermuten ist, dass die Fassade um 1655 die blauen Streifen mit den goldenen Reim-Inschriften bekommen hatte. 1699 erfolgte die Errichtung eines neuen, in Stein gehauenen Barock-Portals, gleichzeitig wurde die ganze Fassade zinnoberrot und weiß bemalt. Im 18. Jahrhundert beschränkte man sich wohl auf die Ausbesserung von Schäden, die 1710 bei der Beschiessung Rigas durch die Russen verursacht worden waren, sonst blieb die Fassade ohne bemerkenswerte Umbauten.

Eine Art des Fassadendekors ist besonders hervorzuheben: die in den gotischen Blendnischen aufgemalten (wahrscheinlich in Sgraffito-Technik ausgeführten) allegorischen Figuren: „Frieden", „Eintracht", „Merkur" und „Neptun". Diese Figuren sind aus Abbildungen seit 1777 bekannt. 1856 traten an die Stelle von „Frieden" und „Eintracht" die Darstellungen des „Heiligen Georg" und des „Heiligen Mauritius".

Die erwähnten Veränderungen und Ergänzungen betrafen hauptsächlich die Fassade und deren Öffnungen. Im Jahre 1794 änderte sich auch der Umfang des Gebäudes: Es wurde ein zweigeschossiger Anbau an der nordwestlichen Längsseite errichtet, wahrscheinlich nach Plänen Chr. Haberlands; im Jahre 1816 wurde ein schmaler zweistöckiger Anbau auch an der gegenüberliegenden Seite gebaut, der die kleine Grecinieku-

Straße verengte. Diese Erweiterungen vergrößerten nicht nur die Breite des Gebäudes, sondern zogen auch bemerkenswerte Schäden in den alten Außenmauern des „Neuen Hauses" nach sich: es wurden neue große Öffnungen eingebrochen, um Verbindungswege zu schaffen. In besonderem Maße hatte sich der untere Teil der Hauptfassade geändert: Vor dem Haus wurden einstöckige Anbauten errichtet und die große Freitreppe mit einer länglichen Kuppel bedeckt. Beinahe durch das ganze 19. Jahrhundert bewuchs langsam, aber unablässig das Haus mit eklektischen Formen, von denen die Geschäftsanbauten mit dem sog. Schwabehaus die meisten Veränderungen hereintrugen.

Man darf annehmen, dass sich dem anfänglich freistehenden „Neuen Hause" schon im 16. Jahrhundert eine kompakte Bebauung an der nordöstlichen Seite angeschlossen hatte, als deren bekannteste Bestandteile das alte Waage-Haus (späteres Zeughaus der Blauen Bürger Kompanie, 1554) und das vielleicht in dieselbe Zeit zu datierende alte Polizei-Gerichtshaus an der Nordecke des „Neuen Hauses" hervorzuheben sind. Das alte Polizei-Haus, dessen Architektur einen starken Renaissance-Einfluß zeigte, wurde 1821 abgetragen. An seiner Stelle errichtete man ein Haus, das nach Entwürfen der sogenannten Musterfassaden gestaltet wurde und das von 1889 bis 1891 nach dem Entwurf des Architekten K. Felsko grundlegend in den Formen des Pseudo-Manierismus umgebaut wurde.[140]

---

[140] Über die Zeit des Eklektismus und deren Eindruck auf die Architektur des Schwarzhäupterhauses sind unterschiedliche Meinungen ausgedrückt worden. Z.B. eine negative Einschätzung finden sie in: P. Kampe, Melngalvju nams//Latviesu Konversacija vārdnīca: 13. Sej.-Riga, 1935; B. Viper, Dom Tschernogolovih v Rīge; eine positive Einschätzung finden Sie in: P. Krastiņš, Eklektismus Rīgas arhītektūra. Riga 1988, S. 22-24.

Schon im Jahre 1857 veränderte man bis zur Unkenntlichkeit den großen Festsaal, der nicht nur eine für das Ende des 19. Jahrhunderts charakteristische üppige Ausgestaltung, sondern auch eine gute Akustik erhielt. Leider ist bis heute nicht die Zeichnung gefunden worden, die man im Zusammenhang mit der Niederreißung der alten Holzkonstruktion und dem Bau des neuen Saales gemacht hatte - vermutlich war sie das einzige graphische Zeugnis vom alten Innenraum des Hauses.

Im 20. Jahrhundert wurden keine wesentlichen Veränderungen am Schwarzhäupterhaus mehr ausgeführt. Das stattlichste Gebäude der Profanarchitektur Alt-Rigas war fest in das Areal der südöstlichen Seite des Rathausplatzes hineingewachsen, von der Daugavas-Straße, Svaru-Strasse und Kleiner Grecinieku-Strasse eingeschlossen. Den Moment seiner Vernichtung erlebte das Haus schon als ein architektonisches Kompositum, dessen Anziehungskraft nicht nur die Qualität der Manierismus-Dekore, sondern vielmehr auch die klar ablesbare Altertümlichkeit des Hauses ausmachten.

Das „Neue Haus" war während der Bauzeit des neuen Ordensschlosses ein vorläufiger Aufenthaltsort für die Mitglieder der Großen Gilde und vermutlich auch schon für die entstehende Gesellschaft der Schwarzhäupter geworden. Es könnte ein Interesse bestehen, aufzuklären, wie die von dem Orden besetzten Gilde-Stuben aussahen und ob da einige Zusammenhänge von Bautraditionen bestanden haben, die es bei der Herstellung des „Neuen Hauses" gab.[141]

Über die Geschichte der Gilden ist schon ausführlich geschrieben worden, doch der Baugeschichte des Schwarzhäupterhauses wurde nie genau nachgegangen. Als im Jahre 1853 das neue Gebäude entstand (Arch. K. Beine), wurde die Möglichkeit nicht ausgenutzt, einige Untersuchungen im alten

---

[141] W. Neumann, Noch einmal die Kreygesche Schra // Mitteilungen Bd. 23, Riga 1924-1926, S. 156-163.

Gebäude durchzuführen. Allein der alte Saal, die sog. „Stube von Münster", blieb, wenn auch nur teilweise, erhalten. Zehn Jahre später, beim Bau vom neuen Kleinen Gildehaus (unter Leitung von J.D. Felsko), wurde die alte Gildestube zusammen mit der Kulturschicht spurlos vernichtet. So wurde keine Aufmerksamkeit den Zeugnissen gewidmet, die vieles über die Bauverhältnisse zwischen den Gilden und dem benachbarten Franziskanerkloster hätten klären können.

Erst im Jahre 1965, nach einem Brand, gab es eine Möglichkeit, begrenzte Sondierungen in den alten Teilen der Großen Gilde durchzuführen.[142] Die überraschendste Entdeckung war ein romanischer Rundpfeiler aus Kalkstein im Kern einer der massiven Ziegelstützen des Kellergewölbes aus dem 19. Jahrhundert. Das zeugte davon, dass anfänglich die Große Gilde (ca. 3 Meter tief unter dem heutigen Straßenpflaster) ein überwiegend aus Kalkstein gemauerter zweischiffiger Raum mit einer von vier Rundpfeilern gestützten Holzdecke war. Das konnte als Beweis für die Hypothese dienen, dass das Haus, das in Heinrichs Livländischer Chronik mit einem auf den Sommer 1200 zu beziehenden Eintrag erwähnt ist, nur zu einer Ansiedlung der Kaufleute Beziehung haben konnte und deswegen wohl mit dem Gebäude identisch ist, dessen Überreste im Keller der Großen Gilde erhalten geblieben sind.

Es ist zweifelhaft, dass der gewölbte gotische Saal, die „Stube von Münster" und der darunter liegende Saal gleichzeitig erbaut wurden und dass sich die gotischen 8eckigen Säulen ausschließlich auf die darunter stehenden Rundpfeiler stützten. Das konnte erst zu dem Zeitpunkt gemacht werden, als der ehemalige romanische Saal schon eingewölbt und dessen Pfeiler aufgemauert waren. (1853 wurden die alten Kellergewölbe ab-

---

[142] G. Jansons, Arhītektūras piemineklis - agrākas Lielas Gildes nams. Riga 1965, S. 42 (in Maschinenschrift im Archiv des Restaurierungsinstitutes), Teil II Petniecība objekta uz vietas un remonts-restaurācija.

getragen, die Rundpfeiler freigelegt, und, ohne dieser Tatsache Aufmerksamkeit zu widmen, in eine neue Wölbung wieder eingebunden.)

Somit ist die sog. „Stube von Münster" später gebaut worden als das ehemals einstöckige Haus. Chronologisch möglich sind nur zwei Zeiträume: entweder zwischen 1230 (Anfang der Backsteingotik in Riga) und 1297 (Beginn von Kriegstätigkeiten zwischen der Stadt und dem Orden) oder zwischen 1354 (Rückkehr der Kaufleute in ihre alten Räume) und ca. 1450. Im zweiten Fall kann man zur Schlussfolgerung kommen, dass die Ordensbrüder 23 Jahre im romanischen Saal gelebt hatten, doch einem Neubau des oberen Saales in der zweiten Hälfte des 14. Jahrhunderts widerspricht manches in seiner Architektur.

1965 wurde auch eine gotische Fensteröffnung freigelegt, deren Gewände aus abgerundeten Formsteinen bestanden. Da ähnliche Backsteine bis jetzt nur in den Fenstern des Langchores der benachbarten ehemaligen St. Katharinenkirche gefunden wurden, scheint eine Datierung in die zweite Hälfte des 15. Jahrhunderts und damit eine vermutliche Gleichzeitigkeit der Bauarbeiten glaubwürdig zu sein. Es ist doch nicht ausgeschlossen, dass die Fenster des Saales diese einfache Profilierung bei einer Vergrößerung im erwähnten Zeitabschnitt bekommen haben. Das könnte um 1480 gewesen sein, als man den Saal um zwei Joche nordwärts verlängerte. An der verlängerten Seite wurde etwas später die vermutliche Gildekapelle - die später sog. Brautkammer - angebaut.

Bemerkenswert ist, dass die freigelegte Öffnung in ihrer Breite und Form dem Fenster in einer zugemauerten Öffnung an der Rückwand des Schwarzhäupterhauses entspricht. Diese Öffnung ist die einzige von den Fenstern des „Neuen Hauses", die maßstäblich fixiert worden ist. Ähnliche Fensteröffnungen mit stark ausgebogenen Segmentbögen und mit einem zweiteiligen Spitzbogen finden sich auf dem Kupferstich Mollyns und auch in der Gildestube im 15. Jahrhundert wieder. Die abgerundeten Formsteine werden allerdings heute nur selten in den Ruinen des Schwarzhäupterhauses gefunden.

Die Bodenfläche unter dem „Neuen Haus" beträgt 17 x 25 Meter. Im Ganzen ist das Haus als ein zweischiffiger Einraum gebildet. Im Keller und Erdgeschoss ist dieser Raum in Längsrichtung durch eine Backsteinmauer, im Hauptgeschoss durch eine Reihe von Holzpfosten unterteilt. (Das erste in den Quellen zugängliche Zeugnis über die Holzpfosten finden wir in den Reparaturbeschreibungen aus dem Jahre 1725, wo unter anderem erwähnt wird, dass die Schwarzhäupter die Sockel von 6 Pfosten mit Holz zu bekleiden befahlen.) (Abb. 2)

Als ein Zufall oder eine Absicht entspricht die Orientierung des „Neuen Hauses" derjenigen der alten Gildestube. Somit war auch die Morgen- und Nachmittagssonne, die durch die Seitenfenster den Saal erreichte, hier wie dort die erwünschte Lichtquelle. Gleich war auch der zweischiffige Plan, aber nicht als eine bewährte romanische Räumlichkeit, wie das im Falle der Großen Gildestube war, sondern als eine Fortsetzung von dieser Tradition; auch das Baumaterial ist ein anderes, und anstatt der von der schlanken Steinsäulen gestützten gotischen Backsteingewölbe finden wir hier eine auf Holzpfosten ruhende Holzdecke.

Das „Neue Haus" gehörte zu dem seit dem 14. Jahrhundert in Riga verbreiteten Haustyp mit einem Halbkellergeschoss, einem Erd- und einem Hauptgeschoss in der rechteckigen Kubatur des Gebäudes. Die Dachgeschosse waren immer als Speicherräume benutzt worden (das „Neue Haus" hatte auch ein niedriges Drempelgeschoss gehabt). Das Haus ordnete sich damit völlig dem Erscheinungsbild der gotischen Backsteinarchitektur norddeutscher Städte unter.

Selbstverständlich können wir heute über den Kern der gotischen Fassade, die sich unter den späteren Umgestaltungen genau feststellen ließ, nur aufgrund der Betrachtung von Fotos urteilen. Es soll betont werden, dass eine Untersuchung der Ruinen in heutiger Bedeutung des Begriffes erst in ungenügendem Maße durchgeführt worden ist. Die vereinzelt nachgewiesenen großformatigen Backsteine (nach P. Arends 29 x 14 x 9 cm, 29,7 x 14 x 8,7 cm, 30 x 14,9 x 8 cm) 4 können ohne Beziehung auf bestimmte Teile des Gebäudes nicht als Beweise der Bautechnologie dienen. Auch der Ziegelverband, die Besonderheiten des Mörtels und die Ausfugung der Mauer sind in ihrer Art nicht festgestellt worden.

So können wir keine eindeutige Antwort auf die Frage geben, ob das, was während der Existenz des Hauses in seinem gotischen Teil bestimmbar war, dem vermutlichen ursprünglichen Gebäude von 1331-1353 zugehörig ist oder erst während der späteren gotischen Umbauten entstanden ist. Solche Umbauten sind bereits nach der Rückkehr der Gildemitglieder in ihre alten, von den Ordensrittern verlassenen Räume (1354) erwähnt. Weitere Veränderungen erfolgten zwischen 1428 und 1430, als den Bauarbeitern 302 Mark bezahlt wurden, und zwischen 1469 und 1474, als die sehr große Summe von 762 Mark „für den Bau eines neuen Hauses am Markt" bezahlt wurde. (Der Historiker R. Malvess bezieht die letzte Summe auf einen Neubau, nicht auf das „Neue Haus".)

Das gotische Erscheinungsbild der Fassade hatte bereits der Architekt W. Neumann erforscht. Für die Rigaer Jubiläumsausstellung 1901 fertigte er eine Rekonstruktion an, in der, wie der Autor selbst sagte: „... weniger historische als künstlerische Gesichtspunkte maßgebend waren .."..[143] Sein Konzept war: ein Staffelgiebel ist nur ein Bestandteil der Fassade, eingeschlossen in einen Dreiecksgiebel, mit einer Silhouette, die mit schlanken Fialen verziert ist. (Bekanntlich war die Spätgotik auch durch die Monumentalisierung der Staffeln von

---

[143] Die Rigaer Jubiläumsausstellung 1901 in Bild und Wort. Riga 1902, S. 226.

Giebelhäusern gekennzeichnet: Die Zahl der Staffeln verringerte sich bis zum Möglichsten, wobei die höchste Wandfläche nicht selten ein großes Rechteck - eine Kulisse - bildete. Im 15. und auch noch zu Anfang des 16. Jahrhunderts wurden an mehreren gesellschaftlichen Gebäuden in den Städten Norddeutschlands sog. Prunk- oder Schaufassaden angebaut.)

Die Gestalt der Fassade des „Neuen Hauses" entspricht vollkommen dem 14. Jahrhundert.[144] Im Wandel der Zeiten war die Rückfassade am wenigsten verändert worden. Sie ist gekennzeichnet durch die Sachlichkeit und eine asymmetrische Anordnung von Spitzbogenblenden mit Speicherluken und einem kleinen Treppenturm. Diese gut ausgeglichene Komposition war mit einer Dreifaltigkeit von runden Blendnischen gekrönt, von denen die obere eine Lüftungsöffnung war.

Die dem Marktplatz zugewandte Schauseite, die wirklich einstufig konzipiert war und deren obere Mauerfläche als Schirmfassade in Erscheinung trat, könnte auch einer späteren Zeit entspringen, doch lassen die Einfachheit und Einheitlichkeit der Komposition so eine Möglichkeit als nicht genug begründbar erscheinen. Der Hauptgiebel des „Neuen Hauses" besaß beiderseits nur eine Staffel und eine Spitzbogenblende, aber der zentrale, höhere Teil war mit vier höheren Blenden und geordneten Dachbodenluken verziert. In der Spitze der zwei mittleren Blenden existierten runde Lüftungsöffnungen, während die seitlichen Okuli als sog. Windlöcher schon über dem Dach ange-bracht waren, um den Winddruck zu verringern. Um das Mauerwerk zusätzlich zu sichern, kamen eiserne Anker und Verstrebungen zum Einsatz. Im Abschnitt, der über den vier Hochblenden lag, waren fünf runde Kreisblenden angeordnet, die denen der Rückwand glichen.

---

[144] Eine vergleichbare Lösung der Hauptfassade finden wir z.B. in einem Thorner Speicher aus der zweiten Hälfte des 14. Jahrhunderts. M. E. Gasiorwoscy. Thorn. Krajobrazi architektura. W. 1974, 3. Abb.

Die Fassaden hatten auch waagerechte Blenden - sie bezeichneten die Höhe des Hauptgeschosses, wobei an der Hauptfassade vermutlich noch eine den schirmartigen Mittelteil abschloss. Es ist denkbar, dass alle Blenden getüncht waren, um auf diese Weise dem aus rotem Backstein gemauerten Gebäude einen lebhaften Farbkontrast zu verleihen.

Wegen des zweischiffigen Planes waren der Eingang des Saales und die große Freitreppe asymmetrisch angelegt. Die direkte Verbindung mit dem Marktplatz gehörte zu den Haupteigentümlichkeiten des Hauses und war mit den prunkvollen Festprozessionen verbunden. 1522 bekam das Haus einen besonderen Akzent als Ausklang der Gotikperiode: die erwähnten großen Beischlagwangen mit polychromen Reliefs. Auf der linken Wange waren eine Darstellung der Gottesmutter mit dem Christuskind als Schutzpatronin der Großen Gilde sowie das Stadtwappen im oberen Teil, auf dem rechten Stein der Heilige Mauritius und darüber das Schwarzhäupterwappen zu sehen.

Es ist nicht bekannt, wie das gotische Portal des Hauses aussah, aber eine schlichte Spitzbogenöffnung (Abb. 3) könnte man sich gut vorstellen. Es ist wahrscheinlich, dass eine ähnliche Fensterzahl - zwei Öffnungen - auch in der von den Anbauten damals freien Nordostwand existierte. Die Rückfassade zeigte nur ein Fenster in der Mitte der Wand auf.

Bei den archäologischen Ausgrabungen[145] 1993 wurde in den Ruinen des Kellergeschosses eine überraschende Entdeckung gemacht, die die Vorstellung über die Planung des Hauses in der gotischen Zeit ergänzte. Es erwies sich, dass sich an der Nordostwand zwei fest nebeneinanderliegende Wendeltreppen befanden, von denen wenigstens eine in den Kellerraum führte. Man kann ein Kennzeichen finden, dass sich der

---

[145] Unter der Leitung von Prof. A. Caune durchgeführt.

eine Eingang des Erdgeschosses an der Nordwestwand befand und auch spitzbogenartig war. (Die Gesamtansicht des Hauses war noch in der ersten Hälfte des 17. Jahrhunderts, wie bei manchen Gebäuden Rigas, von sog. „Buden" verdeckt.)

Es wurde ein Versuch unternommen, eine Analyse vom räumlichen Aufbau des „Neuen Hauses" durchzuführen. Die Proportionen der Hauptfassade, so wie im Plan und Querschnitt sichtbar, beruhen auf der Anwendung der Symmetrieachse und der Ableitung der Diagonalen eines Quadrates (Abb. 4).

Bei einem Rekonstruktionsversuch der Hauptfassade war die einzige wirklich unklare Stelle der Abschluss der waagerechten Teile der Staffeln. Unter schlichten nordeuropäischen Backsteingebäuden finden wir den glatten, nur mit Dachsteinen bedeckten oder den mit Zinnen verzierten Abschluss. Im vorgestellten Rekonstruktionsversuch wurde der verbreiteten Zinnenbekränzung der Vorzug gegeben.

Das in der Gotik gebaute „Neue Haus", (Abb. 5) das am Ende der Epoche seine architektonische Vollendung erlebte, hat als ein sehr schlichtes, aber eindrucksvolles Beispiel der mittelalterlichen Profanarchitektur und als unveränderter gotischer Bau zweieinhalb Jahrhunderte seiner 600jährigen Existenz die Stadt Riga geschmückt.

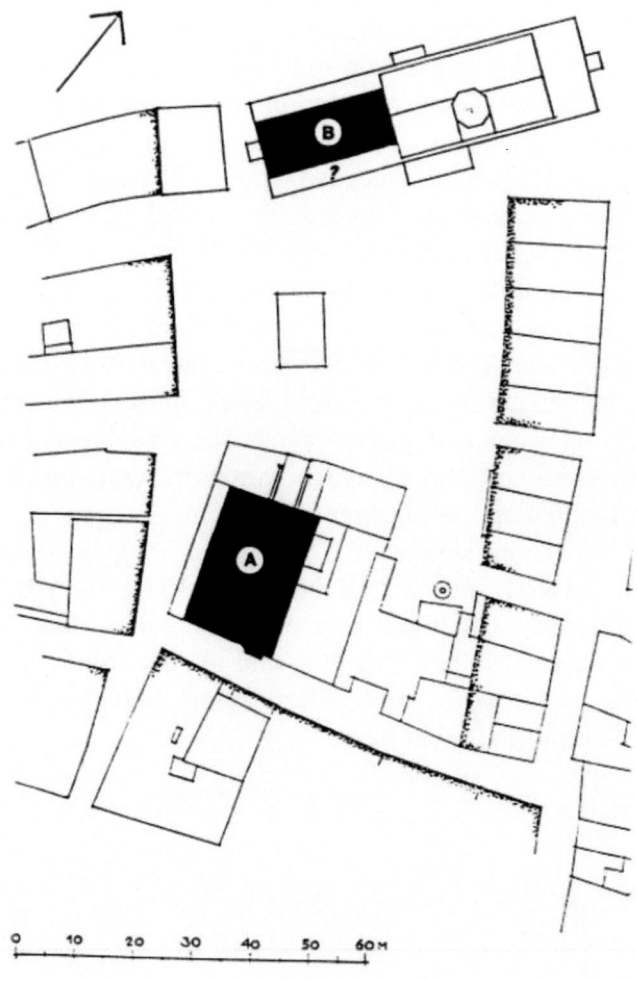

Abb.1 Die Lage des Neuen Hauses auf dem Rathausplatz
A. Das Neue Haus
B. Das Rathaus

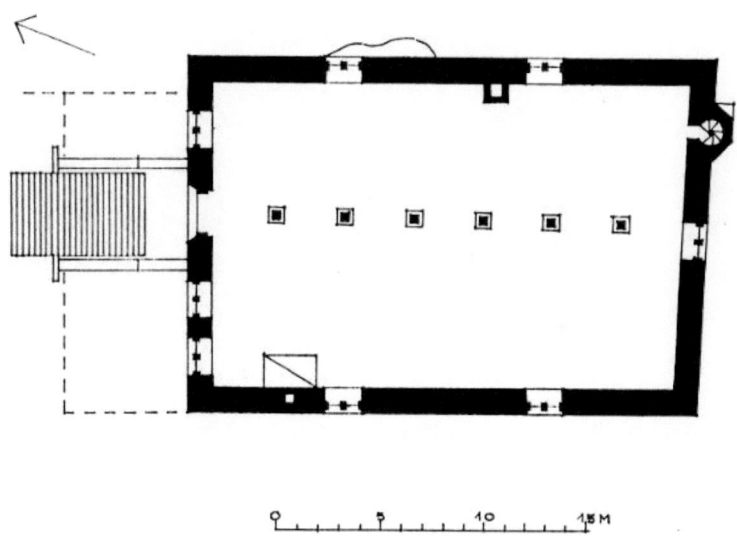

Abb.2 Der Rekonstruktionsversuch des Hauptgeschosses
vom Neuen Haus

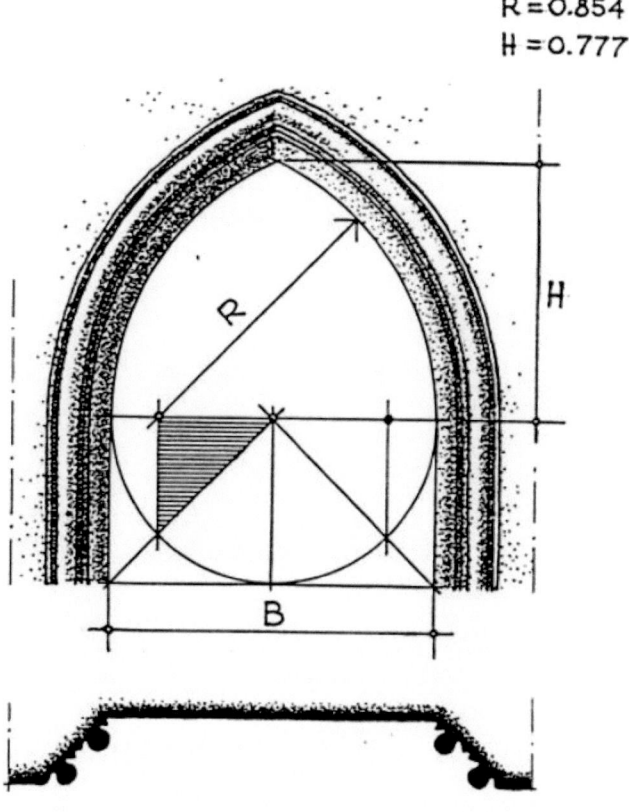

Abb. 3 Der Aufbau des Spitzbogens der Hauptfassade

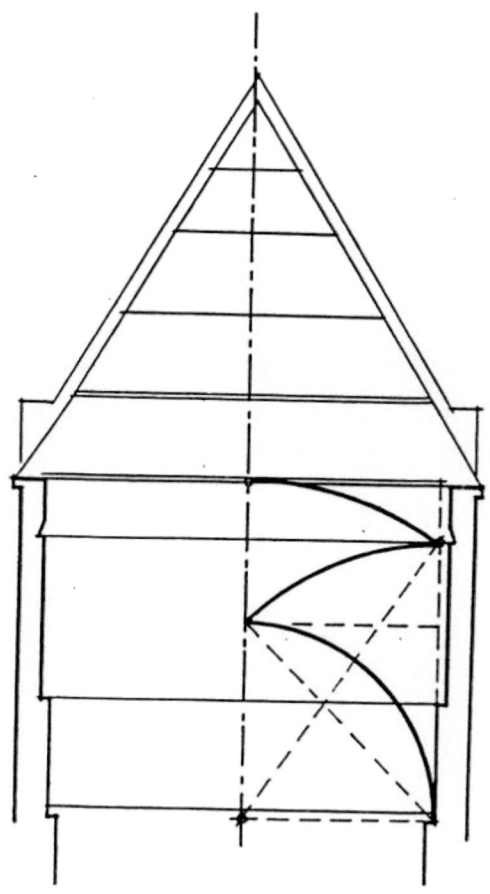

Abb.4 Der eventuelle räumliche Aufbau des Neuen Hauses

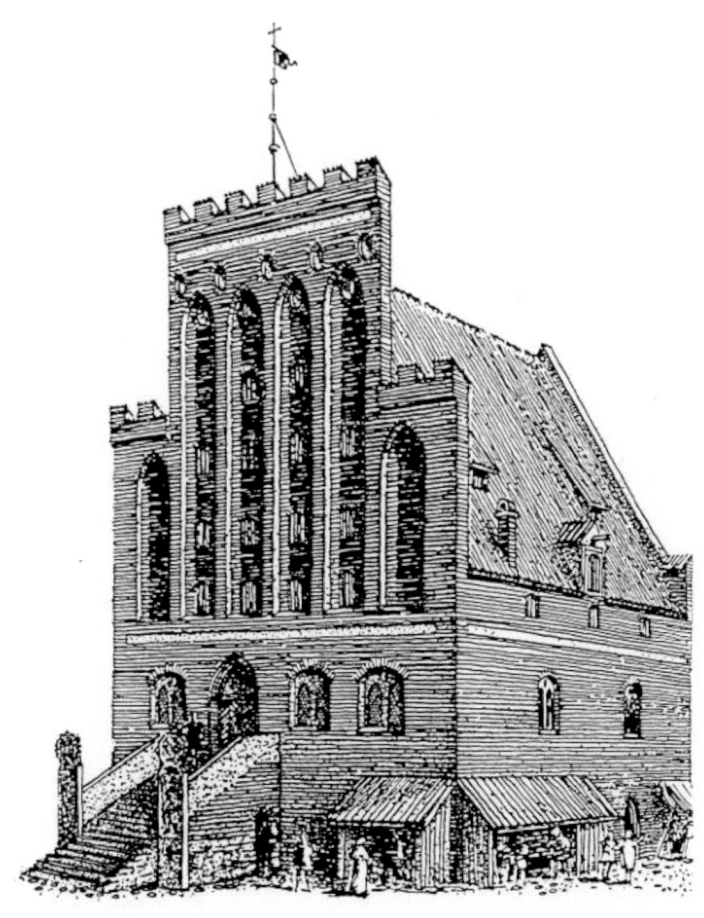

Abb.5 Das Neue Haus im Jahre 1522

IKONOGRAPHIE UND TYPOLOGIE DER GOTISCHEN MEMORIALPLASTIK IN LETTLAND

Māra Siliņa

Die Werke der Memorialplastik bilden einen wesentlichen Teil der Kunstgeschichte Lettlands in der mittelalterlichen Periode. Anfänglich sind das einfache steinerne Grabplatten, deren einziger Schmuck rhythmisierte Inschriftzeilen sind. Manchmal kommen auch Figurendarstellungen oder symbolische und dekorative Kompositionen vor, die mit der Zeit einen immer größeren Platz in der Entwicklung der Memorialplastik Lettlands einnehmen. Die ältesten Kompositionen bilden ebenso wie auch die Inschriftzeilen nur eingeritzte Linien, die einer Zeichnung ähnlich sind. Erst mit der Zeit werden diese Kompositionen in flachem Relief abgelöst.

Die publizierten und in den Manuskripten erhaltenen Forschungen über die verschiedenen Grabmäler in den Kirchen Lettlands zeugen davon, dass die Forscher dieses Themas sich mehr für die gestorbenen Personen interessiert haben. Das Grabmal als Kunstwerk hat bei ihnen beinahe kein Interesse gefunden. Diese Forscher sind deutschbaltische Historiker oder Autodidakten, die ihre Abhandlungen hinterlassen haben. Zu dieser Gruppe der historiographischen Quellen gehören die ältesten Handschriften, die die Kopien der Inschriften und auch eine karge Beschreibung enthalten. Sie sind manchmal wichtiger als die einzigen Zeugen eines einstmals existierenden Grabmals, das heute teilweise beschädigt oder in Feuerbrünsten und Überschwemmungen zugrunde gegangen, manchmal sogar mit Absicht in den durch die Reformationsbewegung ausgelösten Bilderstürmen oder in den vielen Renovierungen der Kirchen vernichtet worden ist.

Die ältesten Quellen der Grabmäler im Rigaer Dom sind verschiedene Protokolle und Beschreibungen, die von einzelnen Personen stammen. Am Anfang des 18. Jahrhunderts hat der Pastor des Doms Chr. Lauterbach die Inschriften auf den Grabplatten fixiert, dabei hat er die ältesten Materialien ausgenützt - die des Professors der Rigaer Domschule Chr. Zeigeners vom Ende des 17. Jahrhunderts. Chr. Zeigener hat Kopien von Grabplatteninschriften auch in anderen Kirchen Rigas hinterlassen - der St. Jacobi-, St. Johannis- und St. Petri-Kirche.[146] Die Kopien der Inschriften in der St. Johannis-Kirche zu Wenden/Cesis sind nach dem Brand im Jahre 1748 vom Konrektor des Rigaer Lyzeums J.G. Arndt und vom Wendenschen Pastor H. Baumann gemacht worden.[147]

Weitere Forschungen sind mit der Tätigkeit von J.Chr. Brotze[148] in der 2. Hälfte des 18. Jahrhunderts und im 1. Viertel des 19. Jahrhunderts verbunden. Er hat 10 Bände hinterlassen, in denen er verschiedene kulturhistorische Erscheinungen Alt-Livlands behandelt. J.Chr. Brotze ist auch zu den ersten Forschern der Memorialdenkmäler zu zählen, der diese Erscheinung einigermaßen vom Standpunkt eines Kunsthistorikers betrachtet hat. Dann folgten solche bekannte Forscher wie A. Buchholtz,[149] N. Busch,[150] W. Heine,[151] H. Loeffler[152] u.a.

---

[146] Historisches Staatsarchiv Lettlands, Bestand 214, Verzeichnis 6, Einheit 62, S. 1-106.

[147] Johanniskirche zu Wenden. Handschrift, Ende 19. Jahrhundert. 1908 (befindet sich in der Nationalen Bibliothek Lettlands, Abteilung für Handschriften und seltene Ausgaben)

[148] J. Chr. Brotze, Sammlung verschiedener Liefländischer Monumente, Prospekte, Münzen, Wappen etc. B. 1-10 (befindet sich in der Akademischen Bibliothek Lettlands, Abteilung für die Handschriften und seltene Ausgaben).

[149] A. Buchholtz, Denkmäler im Dome zu Riga. Sonderabdruck aus dem Rigaschen Almanach für 1886, 1885.

[150] N. Busch, Grabsteine im Dome zu Riga. Zehnter und Elfter Rechenschaftsbericht der Dombauabteilung für die Jahre 1894 und 1895. Riga, S. 29-57.

H. Loeffler ist der erste Forscher, der versuchte, die Memorialskulptur in einer Entwicklung der historischen Stile zu betrachten. Ernste objektive Forschungen sind auch die Manuskripte über die verschiedenen Kirchen Lettlands des lettischen Historikers Roberts Malvess.[153]

Obwohl das Bestatten der Toten in den Kirchen anfangs streng verboten war, war diese Erscheinung schon im frühen Mittelalter im christlichen Europa zum Brauch geworden. Diese Sitte galt freilich nur für geistliche Personen und hochgestellte Feudalen, aber allmählich, besonders seit dem 15. Jahrhundert, fanden auch verdiente Bürger ihre letzte Ruhestätte in den Kirchen.

Im frühen Mittelalter bedeckten in Europa diese letzten Ruhestätten Grabplatten aus Stein oder Bronze mit Inschrift und eingravierter Figur des Verstorbenen. Etwa seit dem 13. Jahrhundert sind diese Darstellungen auf den Grabplatten schon im flachen Relief gezeigt. Seit dem 14. Jahrhundert geschieht eine Evolution - die Grabmäler bekommen immer reichere dekorative Elemente, es entwickeln sich verschiedene

---

[151] W. Heine, der Dohm - oder St. Johanniskirche in Wenden. Rigasche Stadtblätter, 1895, Nr. 43, S. 341-345, Nr. 44, S. 349- Von Alterthümern und Monumenten, wie auch verschiedenen Inscriptionen S. 354.; W. Heine, Specification. Rigasche Stadtblätter, Riga 1896, Nr. 44, S. 349-359.; W. Heine, Die Darstellungen und Inschriften auf den Grabdenkmälern in den Kirchen Rigas. Riga 1892.

[152] H. Loeffler, Die Grabsteine, Grabmäler und Epitaphen in den Kirchen Alt-Livlands vom 13. - 18. Jahrhundert. Riga 1929.

[153] R. Malvess, Sv. Jekaba baznica Riga un tas buvvesture. Handschrift, Riga 1962-1972 (befindet sich im Archiv des Zentrums für Denkmalpflege im AZD).; R. Malvess, Sv Jekaba basznic un tas buvvesture, zwei Bände, Riga 1972, 1979 (befindet sich im AZD).; R. Malvess, Rigas Petera :baznicas kaplicas un kapameni pedejo gadu petijumos, fünf Bände, Rioga 1972 (befindet sich im AZD).; R. Malvess, Pieminas plaksnes un virszemes kaplicas arhitekturas pieminekli Petera basnica Riga, Riga 1976 (befindet sich im AZD).; R. Malvess, Valmieras senatne, Riga 1981 (befindet sich im AZD).

Typen des Grabmals: der sogenannte Tumba und das Tisch-
grab, sowie auch das Wandgrabmal. (Abb. 1)

In den Kirchen Lettlands bedecken im 13.-14. Jahrhundert
diese letzten Ruhestätten nur schlichte steinerne Grabplatten
mit eingravierten Inschriften, die Nachrichten über die Verstorbenen enthalten und durch Figurendarstellungen, symbolische oder dekorative Motive, Wappen oder Hausmarken ergänzt sind.

Die vermutlich älteste erhaltene Grabplatte Lettlands wur-
de nach H. Bruiningk[154] in der St. Martins-Kirche auf der Insel
Holme bei Riga gefunden (befindet sich im Rigaer Geschichts-
und Schifffahrtsmuseum). Diese Kirche wurde bald nach der
Kirche in Üxküll 1187 von Bischof Meinhard gegründet. In einer trapezförmigen Kalksteinplatte ist mit flachen Linien die
Zeichnung eines Kriegers eingeritzt. Ein in Panzer gekleideter
Mann hält einen Speer und einen Schild, neben dem ein
Schwert zu stehen ist. Hinter seinem Kopf ist der obere Teil eines Kreuzes dargestellt. Die Grabplatte hat keine Inschriften.
Nach einer ikonographischen Analyse ist es anzunehmen, dass
dieser Grabstein aus dem Ende des 12. oder dem Anfang des
13. Jahrhunderts stammt, denn die Verbindung einer Figurendarstellung mit einer solchen Kreuzform kommt selten und nur
in verhältnismäßig frühen Beispielen vor, auch die sogenannte
normannische Schildform ist nur für das 11.-12. Jahrhundert
charakteristisch, auch der Speer ist auf Darstellungen des 13.
Jahrhunderts nur selten zu finden, und, letztens, auch die trapezförmigen Grabplatten verschwinden in späteren Jahrhunderten.

Eine andere Grabplatte aus dem 13. Jahrhundert hat J.Chr.
Brotze in der Türschwelle des Üxküll'schen Pastorats einge-

---

[154] H. Bruiningk, Der älteste mittelalterliche Grabstein Livlands aus der St.
Martinskirche auf Holme bei Riga. in: Baltische Studien zu Archäologie
und Geschichte, Riga 1914, S. 171-175.

mauert gefunden und gezeichnet.[155] Diese Steinplatte hat auch Trapezform und zeigt die eingeritzte Gestalt eines Priesters, der die rechte Hand zum Segen erhoben hat, in der linken aber einen Stab hält.

Auf das Ende des 13. Jahrhunderts bezieht sich noch eine Grabplatte, die einer Frau gewidmet ist und die auch J.Chr. Brotze erwähnt hat.[156] Diese Grabplatte befand sich in der St. Jacobi-Kirche in Riga. In der Inschrift war eine gewisse Margareta erwähnt, da stand auch die Jahreszahl „1294". Vielleicht war diese Grabplatte auf der letzten Ruhestätte der ersten Äbtissin des Klosters der Zisterzienserinnen zu St. Marien-Magdalenen in Riga, Margaretha, aufgestellt. Die lateinische Inschrift ohne Eckverzierungen war in gotischen Majuskeln ausgeführt. Hier finden wir auch die sehr alte Schlussformel „requiescat in pace". Noch ein Umstand hebt diese Grabplatte unter anderen hervor - sie ist die älteste, die wiederholt ausgenützt war. In der Mitte des Grabsteines war die Jahreszahl „1642" und der Name „Peter Schoene" eingehauen. Solche wiederholte Verwendung älterer Grabsteine ist in den späteren Jahrhunderten allgemein, denn der Platz in den Kirchen war beschränkt. So wurden die Begräbnisstätten mit ihren Grabsteinen verkauft, versteigert, ausgetauscht. Wenn sich für ein Grab nach dem Ablauf einer bestimmten Zeit kein Familienangehöriger oder kein neuer Bewerber fand, so verfiel es der Kirche. Die neuen Besitzer ließen die Inschriften austilgen, öfters aber ließen sie alles stehen und fügten nur ihre eigenen Inschriften und Wappendarstellungen oder andere Motive hinzu.

Auch aus dem 14. Jahrhundert ist die Zahl der Grabplatten, die bis heute erhalten sind, sehr gering, auch ihr künstlerischer Wert ist verhältnismäßig niedrig. Im Unterschied zu den Grab-

---

[155] Brotze, Monumente, Bd. 8, S. 55, (s. auch Anm.148)
[156] Ebenda, Bd. 1, S. 150.

Grabmälern Westeuropas sind das noch immer flach eingeritzte Zeichnungen, die die Grabplatte schmücken. W. Heine hat die Vermutung ausgesagt, dass die eingeritzten Linien mit grauem Kitt gefüllt worden waren.[157] H. Loeffler fügte noch hinzu, dass es Malerei sein könnte, die die Zeichnung ergänzt hatte.[158] Heute haben wir keinen Beweis für diese Hypothesen.

Eine der ältesten bis heute erhaltenen Grabplatten befindet sich im Rigaer Dom. Das ist eine rechteckige Steinplatte, deren Umrahmung Inschriftzeilen aus gotischen Majuskeln bilden. Der eingravierte lateinische Text berichtet, dass im Jahre 1364 der Vikar N. Mornevech (?) gestorben ist. Im mittleren Teil der Grabplatte sind keine Spuren einer Darstellung aus dem 14. Jahrhundert zu finden. Ein anderes Fragment des 14. Jahrhunderts mit einer Inschrift aus gotischen Majuskeln befindet sich am westlichen Eingang der St. Johannis-Kirche zu Wolmar/Valmiera in der Schwelle eingemauert. In der Mitte des erhalten gebliebenen Fragments ist ein Schild mit einer Hausmarke zu sehen.

Die Hausmarken sind im 14. Jahrhundert noch selten, aber seit dem 15. Jahrhundert sehr häufig auf den Grabplatten zu finden. Der Ursprung der Hausmarken, die besonders im norddeutschen und skandinavischen Kulturkreis vertreten sind, ist sehr alt. Von den adligen Geschlechtswappen unterscheiden sie sich dadurch, dass sie sich nicht auf die Person, sondern auf ihren Besitz - ihr Haus beziehen. Das sind runenartige Zeichen, die durch eine Kombination von senkrechten, waagerechten und schrägen Strichen bestehen. Später setzte man solche Hausmarken auf einen Wappenschild - so entwickelten sie sich zu echten heraldischen Figuren.

---

[157] W. Heine, Die Darstellungen und Inschriften auf den Grabdenkmälern in den Kirchen Rigas. Riga 1892.
[158] H. Loeffler, Grabsteine, S. 18, (s. auch Anm. 152).

Allmählich traten anstatt gotischer Majuskeln dekorative Inschriftzeilen an den Rändern der Grabplatte aus gotischen Minuskeln. Auf der Grabplatte aus der St. Johannis-Kirche zu Wenden aus dem Jahre 1395 beginnt der umlaufende Text mit einem kleinen Kreuz am Anfang. In der Mitte der Grabplatte befindet sich ein Schild mit der Hausmarke. Öfters aber fehlt der Schild.

Mit der Zeit kommen viel seltener Grabplatten ohne Unterbrechung der Inschrift in den Ecken vor. In den Ecken der Grabplatte erscheinen Ringe, Medaillons oder gotische Vierpässe. Weiterhin sind in diese Eckenumrahmungen Kreuze oder Wappen, öfters aber Evangelistensymbole einkomponiert, die in den Grabplatten des 14. Jahrhunderts noch nicht vorhanden sind. Diese Darstellungen kommen erst seit dem Anfang des 15. Jahrhunderts vor.

Aus dem 14. Jahrhundert stammen auch die ältesten Beispiele der Grabplatten, in deren mittlerem Raum eine Wappendarstellung enthalten ist. Zu dieser Gruppe gehören die Grabplatten des Rigaer Bürgermeisters G. Bobbe 1371 und auch die Grabplatte D. von Pahlen 1354, beide aus der St. Jacobi-Kirche in Riga. Manchmal sind solche Wappen zusätzlich noch in einen Vierpass eingeräumt, der einer primitiven gotischen Rosette ähnlich ist, z.B. auf der Grabplatte des Herrn R. Brone, Rigaer Dom, 1400. Eine solche Rosette ist auch auf einer Grabplatte ohne Inschrift in der St. Jacobi-Kirche in Riga zu sehen.

Im 14. Jahrhundert ist auf den Grabplatten Lettlands noch ein anderes Kompositionsschema vorhanden - die Inschrift befindet sich zwischen den Linien zweier die Mitte der Grabplatte ausfüllender konzentrischer Kreise, z.B. die Grabplatte des Herrn D. von Lynne, Rigaer Dom, 1375. Auch auf dieser Grabplatte beginnt die Inschrift mit einem kleinen Kreuz. In der Mitte solcher Kreise wurde eine symbolische Darstellung eingeritzt: ein Kelch - das Symbol des christlichen Glaubens, z.B. die Grabplatte des Herrn J. Sasche, Rigaer Dom, 1454.

Die Grabplatten mit Figurenkompositionen, außer den schon erwähnten zwei Grabplatten aus der St. Martins-Kirche zu Holme und aus dem Üxküll'schen Pastorat, sind erst mit dem Ende des 14. Jahrhunderts zu datieren. Das sind Grabplatten, die geistlichen Personen gewidmet sind. Auch die Technik bleibt dieselbe - eine eingeritzte Zeichnung. Die Darstellung selbst - ein Priester, der mit der rechten Hand einen Kelch konsekriert - ist wahrscheinlich auch symbolisch aufzufassen: als Verkörperung des christlichen Glaubens. Zu solchen Grabmälern gehört z.B. die Grabplatte des Vikars H. Ulenbrugge, Rigaer Dom, 1394. Das oben eingehauene Lilienzeichen ist das Wappen des Rigaer Domkapitels und bedeutet, daß der Stein in den Besitz der Kirche übergegangen ist.

Die weitere Entwicklung solcher Grabmäler zeigt die Grabplatte des Schatzmeisters des Rigaer Domkapitels J. Sobbe von Ulenbrock, Rigaer Dom, 1407.

Die Komposition ist durch die in den vier Ecken innerhalb der Umrahmung der Inschrift befindlichen vier Ahnenwappen ergänzt. Unten ist das Zeichen seines Amtes, ein Schatzkästchen sichtbar. In den Ecken der Grabplatte zwischen der Inschrift sind die Evangelistensymbole zu sehen: oben links der Engel (Symbol von Matthäus), oben rechts der Adler (Symbol des Johannes), unten rechts der Stier (Symbol von Lukas) und unten links der Löwe (Symbol von Markus). Ähnlich ist auch eine Grabplatte aus der St. Johannis-Kirche zu Wenden, nur ohne Ahnenwappen in den Ecken, aber mit einem Schild mit der Hausmarke: den Füßen.

Die niederen Geistlichen erscheinen auf den Grabplatten immer ohne Kopfbedeckung und mit deutlich hervortretender Tonsur. Zur Bedeckung der Tonsur diente das Barett, welches aus einem Käppchen entstand, das im Laufe der Zeit aber erweitert, erhöht, gesteift und in vier Hörner geteilt wurde.

Interessant ist die Grabplatte aus dem Anfang des 16. Jahrhunderts, die dem Schatzmeister des Rigaer Domkapitels P.

Spornitz gewidmet ist (befindet sich jetzt außerhalb des Rigaer Domes in eine Mauer eingemauert): Die Inschrift besteht nicht mehr aus gotischen Minuskeln, sondern ist in lateinischer Kapitalschrift ausgeführt, zu den Füßen des dargestellten Geistlichen sind in der Wiedergabe einer naiv verstandenen Perspektive Bodenfliesen eingraviert.

Seit dem ersten Viertel des 15. Jahrhunderts ist auf den Grabplatten Lettlands auch die Figurendarstellung ansehnlicher Bürger zu sehen. Auch ihre Darstellung ist dieselbe - eine eingravierte Zeichnung in der Mitte der Grabplatte und die umlaufenden Inschriftzeilen. Nur der Text ist jetzt nicht mehr in der lateinischen Sprache, wie es in dem Falle war, als die Grabplatten geistlichen Personen gewidmet waren, sondern Mittelniederdeutsch, in den Ecken kommen ebenso die Darstellungen der Evangelistensymbole hinzu, z.B. auf der Grabplatte des Herrn A. Wele, St. Jacobi-Kirche in Riga, 1432. Auf der Grabplatte des Herrn D. Rummel, St. Jacobi-Kirche in Riga, 1474, sieht man den Verstorbenen barhäuptig dargestellt, bekleidet mit einem kurzen Rock, die Hände zum Beten gefaltet. Kompositionell ist diese Darstellung durch ein interessantes Motiv bezeichnet: Um den Kopf der Figur ist ein Band gewunden mit einer Inschrift in lateinischer Sprache. Eine ähnliche Gestalt zeigt die Grabplatte des Bürgermeisters H. Voet, St. Jacobi-Kirche in Riga, 1464. Auf der Grabplatte im Rigaer Dom ist ein anderer Bürgermeister K. Durkop zusammen mit seiner Frau dargestellt, 1472. Die beiden Figuren sind leicht einander zugewendet, auch sie sind in betender Gestalt gezeigt: Die Hände sind flach gefaltet und die offenen Augen blicken zum Himmel empor. Ein seltenes Motiv ist die gleichzeitige Darstellung von Mutter und Sohn auf der Grabplatte. Eine solche Grabplatte von S. und G. Schond(r)ipp, 1441, 1445, befindet sich in der St. Johannis-Kirche zu Wenden. Die älteste bis heute erhalten gebliebene Grabplatte, worauf eine Frauengestalt allein zu sehen ist, befindet sich auch in der St. Johannis-Kirche

zu Wenden. Das ist die Grabplatte einer gewissen M. Segeba-
den, die im Jahre 1441 gestorben ist. Die Frauenfigur in einer
langen gefalteten Bekleidung befindet sich auf einer Seite der
Grabplatte, auf der andern Seite unten ist eine Hausmarke zu
sehen.

In derselben Kirche befindet sich auch eine Grabplatte, die
höchstwahrscheinlich einem Ordensbruder gehört. Auf der linken Schulter des Mantels sieht man ein Ordenskreuz, unten ist
ein Wappen dargestellt. Interessant ist der Versuch, die dargestellte Figur in die Landschaft einzufügen - sie steht auf einem
mit Grasbüscheln bewachsenen Hügel.

Die oben betrachteten Grabplatten zeugen davon, dass die
einzigen Zierelemente der memorialen Plastik des 14.-15. Jahrhunderts außer den zentralen Figuren sind: die Schrift, die gotischen Rosetten, Kelch und Kreuz als Symbole des christlichen
Glaubens, die Evangelistensymbole in den Eckenmedaillons,
die Hausmarken und die Wappen, die im Laufe des 15.
Jahrhunderts immer formenreicher werden. Die Figurdarstel-
lungen - sowohl die Bürger mit zum Gebet gefalteten Händen
als auch um so mehr die Geistlichen, die das Zeremonial aus-
üben - sind eher abstrakte Gestalten. Doch der Ritter des 15.
Jahrhunderts gewinnt in der Wiedergabe schon Kennzeichen
einer konkreteren Person. Die Figur ist auf der Platte räumlich
dargestellt, es sind ornamental dekorative Elemente gotischer
Architektur ausgenutzt. Das kompositionale Schema mit dem
umlaufenden Text, der in den Ecken durch die Evangelistensymbole unterbrochen ist, erhält weitere Entwicklung, statt der
gravierten Linie erscheint Flachrelief oder gar architektoni-
scher Bau in Relief.

Hierher gehören solche Grabmäler wie z.B. das des Ordensmeisters J. Freytag von Loringhoven in der St. Johannis-
Kirche zu Wenden, 1494. Auch in diesem Bildwerk der memorialen Plastik finden wir das beliebte mittelalterliche Grabplat-
tenschema - die Platte ist von einem mittelniederdeutschen

Text aus gotischen Minuskeln eingefasst, der zusammen mit den Evangelistensymbolen in den Vierpässen einen dekorativen ornamentalen Rahmen der figuralen Komposition darstellt. Die Mittelfläche ist von der Figur des Ordensmeisters ausgefüllt, räumlich in einen gotischen architektonischen Bau im Flachrelief hineinkomponiert. Der architektonische Bogen besteht aus einem reichlichen Muster gotischer Zierelemente, am meisten im oberen Teil der Platte konzentriert. In der Mitte unter dem Bogen ist im Flachrelief der verstorbene Ordensmeister dargestellt, in langem Mantel, den Rosenkranz in der Hand; die Falten der Kleidung sind durch gravierende Linien eingezeichnet. Zu den Füßen des Ordensmeisters ist sein Wappen. Dieses Werk ist die älteste bis heute erhalten gebliebene Grabplatte eines Ordensmeisters, bei deren Ausführung ornamental dekorative Architekturelemente des seinerzeit herrschenden Stils - der Gotik - verwendet sind. (Abb. 3)

Ähnlich ist auch das Grabmal des Bischofs von Kurland H. Basdore in der Kirche zu Hasenpoth/Aizpute, 1523. Die Figur des Bischofs befindet sich auch in einer Nische, die durch gotische Elemente verziert ist, zu den Füßen befinden sich die Wappen der Stadt Pilten und des Bischofs Basdore, und auf einem Schild ist die Darstellung des „agnus dei" zu sehen.

Die letzte Etappe der livländischen Periode - das erste Viertel des 16. Jahrhunderts - verknüpft sich mit gewissen Anklängen der Renaissance. Was die memoriale Plastik anbelangt, zeichnen sie sich mehr in dem ikonographischen Typ der dargestellten Figur ab.

Mit der Verbreitung der Ideen des Humanismus und Erstarkung der Reformation erscheint an Stelle des frommen Ritters, der eine lange, in freien Falten fallende Kleidung trug, wie wir sie auf der Grabplatte des Ordensmeisters J. Freytag von Loringshoven sahen, der stolze Krieger, in Harnisch gekleidet, das Schwert in der Hand. Diese Konzeption ist neu und wird nach und nach zur herrschenden. Als Illustration zum Dargelegten wäre die Grabplatte für D. Lode zu nennen, St. Johannis-Kirche zu Wenden, 1518. Sie ist von einer Textzeile umfasst, die mit gotischen Minuskeln geschrieben ist und oben links mit einem Traubenblattmuster beginnt. Im Mittelteil ist eine frontal stehende Figur mit Panzer und Helm zu sehen, sie war in der Technik der Gravierung ausgeführt, doch die eingravierten Linien fließen frei, zwanglos - es scheint, der Ritter würde gleich einen Schritt tun, die gebogenen Arme greifen nach einem großen Degen, zu seinen Füßen: das Wappen.

Sowohl in der Behandlung der Menschenfigur als auch in der kompositionalen Gestaltung der Platte und in der Verwendung der ornamentalen Zierelemente ist als eine der ersten von der Renaissance angehauchten Grabplatten in Lettland die in flachem Relief gearbeitete Platte des Ordensmeisters W. von Plettenberg, 1535, anzusehen. Da von ihr nur ein abgebröckeltes Bruchstück in der Wand der Turmhalle der St. Johannis-Kirche zu Wenden erhalten geblieben ist, kann man keine erschöpfende stilistische Analyse geben. Nach einer Zeichnung von J.Chr. Brotze[159] sieht man, dass die Platte von einem im Geiste der Renaissance ausgeführten Zierrand umfaßt war, dass aber in den Eckenmedaillons nicht die Evangelistensymbole standen, sondern Wappen und Ordenskreuz.

Eine neue Behandlung der Menschenfigur ist auch an der Grabplatte des Ordensmeisters H. von Brüggeney genannt Hasenkamp zu merken, St. Johannis-Kirche zu Wenden, 1549. (Abb. 4) Die Platte ist von einem Text umfasst, in den Eckenmedaillons stehen die Evangelistensymbole. Sowohl diese symbolischen Darstellungen als auch die Figur des Ordensmeisters selbst sind in einem Relief gestaltet, das nicht mehr so flach ist wie in den oben betrachteten Beispielen. Die geharnischte Figur des Ordensmeisters mit einem riesengroßen Schwert in der Hand steht unter einem Halbrundbogen in einer

---

[159] Brotze, Monumente, Bd. 1, S. 21, (s. auch Anm. 148).

Nische. Die Augen von H. von Brüggeney liegen nah beieinander, der Blick ist aufmerksam, die Gesichtszüge fest und entschlossen, womöglich kann man hier von einer individualisierten Porträtierung reden. In dieser Grabplatte zeichnen sich zwei Neuerungen in der Entwicklung der memorialen Plastik Lettlands ab: die Kontrapoststellung der Figur und die Verwendung der Akanthusblätter in der dekorativen Ausstattung der Nische.

Neben diesen Grabplatten, wo die Darstellung der Verstorbenen Stolz und Selbstbewußtsein zum Ausdruck bringt, wurden in Lettland auch Grabmäler von einer ganz anderen Stimmung geschaffen. Todesatem, Schrecknis, Untergangsstimmungen kommen in den Grabplatten zum Ausdruck, wo Gerippe oder Leichen dargestellt sind. Die ersten Anfänge solcher Darstellungstradition sind in Frankreich im 15. Jahrhundert entstanden, und sie ist auch in anderen westeuropäischen Ländern weit verbreitet gewesen. Ihre Entstehung ist zweifellos von den durch die weitgreifenden Pestseuchen verursachten Vorstellungen vom „Totentanz" beeinflusst gewesen. Manchmal trifft man in den westeuropäischen Ländern in dieser Zeit Grabmäler, wo der Verstorbene kniend im Gebet zu Gott oder zur Mutter Gottes dargestellt ist und gleichzeitig neben ihm eine Leiche oder ein Gerippe ist. In der memorialen Plastik Lettlands gibt es keine Nachrichten von solchen Grabmälern, dafür begegnen wir auf mehreren Grabplatten Darstellungen von Totengerippen. Zu diesem Typ der Ikonographie gehört eine Grabplatte von 1486 im Rigaer Dom. Diese Grabplatte ist im Jahre 1620 von der Familie Giese wiederholt benutzt worden, es ist möglich, dass man gerade darum oben nur noch zwei Schädel sieht. Eine ähnliche Grabplatte von 1507 befindet sich im Kreuzgang des Rigaer Doms. In der Mitte der Platte sind zwei Gerippe, um deren Häupter sich zwei Bänder mit lateinischen Inschriften winden. Zu den Füßen sind zwei Schilde. Man muss bemerken, dass in den Ecken dieser Grabplatte statt

der Evangelischensymbole die gotischen Rosetten, die sogenannten Maria-Rosen, stehen. Solche Eckenverzierungen
kommen in der memorialen Plastik Lettlands ganz selten vor.
Auf einer anderen Grabplatte derselben Zeit in der St. Petri-Kirche in Riga sind zwei in ein Leichentuch gewickelte Leichen dargestellt. Um ihre Häupter sind Bänder mit Inschriften,
unten ein Schild mit Hausmarke. Nach Angaben von J.Chr.
Brotze[160] waren auf der Grabplatte von H. und B. Wele, St. Jacobi-Kirche in Riga, 1458, zwei Totengerippe in der Einfas-
sung eines gotischen Baldachins dargestellt.

In der Ikonographie der memorialen Plastik der oben be-
handelten Zeitspanne passen ein paar Grabmäler nicht hinein.
Eins davon - die Grabplatte für P. Tillich - befindet sich in der
St. Simonis-Kirche zu Wolmar, 1517. Die Textzeilen mit den
in den Eckenvierpässen gearbeiteten Evangelistensymbolen
fasst die mittlere Fläche ein, wo die Figuren der Apostel Petrus
und Paulus mit allen Attributen dargestellt sind. Es ist wahr,
schon Ende des 18. Jahrhunderts hat J.Chr. Brotze nur in der
Hand des Petrus den Schlüssel erkannt.[161] Der Pastor der
schwedischen Armee M. Aschanous hat 1618 eine ähnliche
Grabplatte für den im Jahre 1518 gestorbenen H. Groot gesehen.[162]

In der Grabplatte für A. Knopken, den bedeutenden Vertreter der Reformationsbewegung, St. Petri-Kirche in Riga, 1539,
ist die Mittelfläche von einem Textstreifen in lateinischer Kapitalschrift eingepasst. In den Vierpässen eingefassten Ecken-
ringen sind die Evangelistensymbole dargestellt. Die Mittelfläche ist von einer mit Kreuzblumen verzierten Halbrundbogen-
nische ausgefüllt, wo die Auferstehung Christi dargestellt ist.
Das ist eine symbolische Komposition, denn zu den Füßen

---

[160] Ebenda, Bd. 1, S. 13.
[161] Ebenda, Bd. 8, S. 164.
[162] R. Malvess, Valmieras senatne, S. 109-110.

Christi sieht man die Schlange, die er zertritt ein solches Sujet kommt oft in der bildenden Kunst der Reformationszeit und auch später vor, wo also Jesus Christus als Vertilger alles Bösen dargestellt ist.

Von den Ideen der Reformation durchdrungen ist auch die Grabplatte, die sich im Rigaer Dom befunden hat und die Grabstätte eines anderen Predigers der Reformationsideen, möglicherweise lettischer Herkunft, - des Pastors Chr. Michaelis, bedeckt hat, 1552. Heute befindet sich ein Fragment davon im Rigaer Geschichts- und Schifffahrtsmuseum. Nach einer Zeichnung von J.Chr. Brotze[163] sieht man, dass auf der in Relief ausgeführten Grabplatte Christus als König der Welt dargestellt ist. Die Halbfigur ist von der Seite mit fein ausgemeißelten Gesichtszügen vorgeführt und in eine Renaissance-Nische frei hineinkomponiert.

Zum Schluss dieser Übersicht über die memoriale Steinplastik Lettlands vom 12. Jahrhundert bis zur ersten Hälfte des 16. Jahrhunderts müssen noch zwei Grabmäler genannt werden, die sich im Rigaer Dom befinden: das Wandgrabmal des ersten Bischofs Meinhard und das Grabmal des letzten Rigaer Erzbischofs Wilhelm von Brandenburg.

Das Wandgrabmal ist ein ziemlich verbreiteter Typ der memorialen Plastik in Westeuropa, der entstanden ist, indem der Sarkophag in die architektonische Komposition eingefasst wurde. Der Bischof Meinhard ist im Jahre 1196 gestorben und anfangs in Üxküll bestattet worden, später wurden seine sterblichen Überreste nach Riga überführt, wozu ein Wandgrabmal eingerichtet wurde.

Es gibt keine genauen Nachrichten, wann das geschehen sein könnte - jedenfalls nicht später als in der 2. Hälfte des 14. Jahrhunderts. Das Grabmal befindet sich in einer Wandnische, die von einer gotischen Architekturkonstruktion eingefasst ist.

---

[163] J. Chr. Brotze, Monumente, Bd. 1, S. 93, (s. auch Anm. 148).

Die obere Platte des Sarkophags liegt schräg, damit die in einfacher Gravierungstechnik ausgeführte Gestalt des Bischofs auch von unten gut zu sehen ist. Der Bischof ist in vollem Ornat, die Mitra auf dem Haupt, die Hände zum Beten zusammengelegt, neben ihm der Bischofsstab. Wenn auch die Umrisse der Figur aus einfachen Linien der Gravierung gebildet sind, fließen die Linien frei, die Falten fallen entsprechend der Pose der Figur. Die Nische ist von zwei fialförmigen Wandpfeilern eingefasst. Den oberen Teil des Denkmals schließt ein Wimperg ab, mit einer Kreuzblume verziert. Im mittleren Teil des Wimbergs befindet sich unter einem Spitzbogen ein Relief, das den betenden Bischof darstellt. Zwei Engelfiguren hüllen ihn in ein Gewand ein. Am Außenrand des Sarkophags steht der Text in lateinischer Sprache. Leider wurde dieser ganze Miniaturbau gotischer Architektur im Jahre 1786 während der Renovierung der Kirche abgerissen und im Jahre 1896 unter Leitung von W. Neumann wiederhergestellt. J.Chr. Brotze hatte ihn in seinen Zeichnungen festgehalten, wobei er auch die Ausmaße angegeben.[164] Nach diesen Zeichnungen ließen sich auch die Restauratoren leiten, obwohl gewisse Korrektiven eingeführt wurden und das Grabmal durch diejenigen Details ergänzt wurde, die auch zu J.Chr. Brotzes Zeit schon fehlten. Das Relief wurde nach J.Chr. Brotzes Zeichnung vom Bildhauer A. Volz ausgeführt.

Gerade wegen dieses Umbaus würde es sich nicht lohnen, bei einer detaillierten stilistischen Analyse des Denkmals zu verweilen, da es schwer ist, sich seine ursprüngliche Gestalt vorzustellen.

Das Grabmal des Rigaer Erzbischofs Wilhelm von Brandenburg erinnert an den eingangs erwähnten in Westeuropa verbreiteten Typ der Tumba, nur ohne figurale Darstellungen an den Seiten. Auch die Wiedergabe der Figur ist im Vergleich

---

[164] Buchholtz, Denkmäler, S. 11, (s. auch Anm. 149).

zu den westeuropäischen Mustern archaisch: Sie liegt nicht auf der Platte, sondern ist in sie eingesenkt, obwohl die in Relief gestaltete Figur ganz umfangreich ist. Der Erzbischof ist im Jahre 1563 gestorben. Auf diese Zeit könnte auch die Datierung des Grabmals bezogen werden, obwohl keine Inschrift vorhanden ist. Auf der Platte liegt eine proportionell gebildete Figur, mit Ornat und Mitra. Die Hände in Handschuhen sind zum Beten zusammengelegt. Rechts vom Bischof ist das Kreuz, links sein Stab. Bei diesem Grabmal können wir ganz bestimmt von der Wiedergabe einer liegenden Figur reden - davon zeugen die Stellung der Füße (bei stehenden Figuren sind die Fußspitzen etwas nach außen gekehrt) und das Kissen unter dem Haupt. Die bisher betrachteten Figuren auf den Grabplatten waren gewöhnlich als stehende Figuren gemeint.

A. Buchholtz schätzt dieses Denkmal, was dessen künstlerische Gestaltung anbelangt, sehr hoch ein, er erwähnt das ornamentierte Kissen und die Bischofskleidung, sowie auch die Kissenverzierung.[165] Gegenwärtig ist es schwer zu beurteilen, da das Grabmal schlecht erhalten ist, darum ist es auch nicht möglich, eine erschöpfende stilistische Analyse zu geben. Es sei bemerkt, dass die Kartusche zu den Füßen der Figur eine Rollwerkkartusche ist, aber auf dem Ornament des Kissens neben den Kreuzblumen ein Engelskopf zu sehen ist - Zierelemente, die zur Gestaltung der Grabplatten im Stil des Manierismus weitgehend ausgenutzt werden. Jedenfalls hat diese im Hochrelief ausgeführte Gestaltung der Figur, gleich wie die architektonische Ausführung der Wandgruft des Bischofs Meinhard, von den Bildhauern größere Meisterschaft erfordert als die Grabplatten, die im Rahmen der betreffenden Zeit in Gravierungstechnik oder in ziemlich flachem Relief ausgeführt sind.

---

[165] Buchholz, Denkmäler, S. 23, (s. auch Anm. 149).

Resümierend sei gesagt, dass in der memorialen Steinplastik der gotischen Periode in Lettland Grabplatten vorherrschen, die in dieser Zeit nach mittelalterlichem Schema gebildet werden - mit einfassendem ornamentalem Zierstreifen, der den Text enthält, welcher in den Ecken von Evangelistensymbolen oder Rosetten unterbrochen wird. In der Mitte der Platte erscheint anfangs die eingravierte Figur, später ist sie im Flachrelief ausgeführt. Am Ende dieser Periode ist schon die Tendenz bemerkbar, die Figur in eine in Relief gestaltete architektonische Komposition einzufügen. Manchmal findet man im zentralen Teil der Grabplatten die gotische Rosette, Schilde mit den heraldischen Figuren der Wappen oder mit den Hausmarken. Es entwickeln sich auch Grabplatten, deren kompositionalen Mittelpunkt in konzentrischen Kreisen der Text darstellt, samt den Hausmarken oder symbolischen Motiven.

In der memorialen Plastik Lettlands jener Zeit sieht man Merkmale des in Westeuropa herrschenden Stils - der Gotik - sowohl in der Verwendung der Elemente des ornamental dekorativen Systems als auch in der Behandlung der Menschenfigur, doch in der Endphase der Periode, d.h. in der ersten Hälfte des 16. Jahrhunderts, kann man in einzelnen Fällen schon vom Aufkommen gewisser Merkmale der Renaissance in den Werken der memorialen Plastik reden, was zu weiteren Forschungen Material und Anlass bietet.

Abb.1 Wandgrabmal

Abb.2 Grabplatte D. Rummel, St. Jacobi-Kirche Riga, 1474

Abb.3 Grabplatte
des Ordensmeister J. Freytag von Lorringhoven
St. Johannis-Kirche zu Wenden, 1494

Abb.4 Grabplatte
des Ordensmeister H. von Brüggeney genannt Hasenkamp
St. Johannis-Kirche Wenden, 1549

Personenregister

Ortsverzeichnis

Autorenverzeichnis

Albrecht, Uwe Prof. Dr. Kunsthistorisches Institut der
Christian-Albrecht- Universität
24118 Kiel
Ohlshausen-Str. 40
Tel: 0431 - 880-4637

Jansons, Gunārs Ernestines iela 14
LV 1046 Riga
Lettland

Kivimaa, Katrin Kiisa
Kadaka 11
EE 75503 Harjumaa
Estland

Kunft, Inges 24259 Westensee
Dorfstr. 24
Tel: 04305-978830

Kuuskemaa, Jüri Kunsthistoriker
Pikk 44 – 3
EE 10133 Tallinn
Tel: 00372-6411556
Estland

Piiri, Lindy Jakobi 2
EE 51014 Tartu
Tel: 003724-354144
Estland

Rasche, Anja Roßmarkt Str. 15
67346 Speyer
Tel: 06232-74744

Siliņa, Māra Sturisa iela 34
LV 1006 Riga
Lettland

Schriftenreihe BALTISCHE SEMINARE
der Carl-Schirren-Gesellschaft e.V.

Band 1:

Karl Heinz Borck (Hrsg.): Die Bibelübersetzung und ihr Einfluss auf die estnische Kulturgeschichte. Lüneburg 1996, 141 S., ISBN: 3-923149-27-1

Band 2:

Claus von Aderkas (Hrsg.): 300 Jahre lettische Bibelübersetzung durch Ernst Glück und ihr Einfluss auf die lettische Kulturgeschichte. Lüneburg 2001, 136 S., ISBN: 3-923149-29-8 bzw. 3-932267-31-1

Band 3:

Günter Krüger (Hrsg.): Klassizismus im Baltikum. Lüneburg. (in Vorbereitung, ISBN: 3-923149-37-9)

Band 4:

Uwe Albrecht (Hrsg.): Gotik im Baltikum. Lüneburg 2004, 276 S., ISBN: 3-923149-38-7, Preis: €

Band 5:

Michael Garleff (Hrsg.): Literaturbeziehungen zwischen Deutschbalten, Esten und Letten. Lüneburg (in Vorbereitung, ISBN: 3-923149-39-5)

Band 6:

Claudia Anette Meier (Hrsg.): Sakrale Kunst im Baltikum. Lüneburg. (in Vorbereitung, ISBN: 3-923149-40-9)

Band 7:

Heinrich Wittram (Hrsg.): Baltische Gutshöfe. Leben - Kultur - Wirtschaft. Lüneburg. (in Vorbereitung, ISBN: 3-923149-41-7)

Band 8:

Detlef Kühn (Hrsg.): Schulwesen im Baltikum. Lüneburg (in Vorbereitung, ISBN: 3-923149-42-5)

Band 9:

Gisela Reineking-von Bock (Hrsg.): Künstler und Kunstausstellungen im Baltikum im 19. Jahrhundert. Lüneburg. (in Vorbereitung, ISBN: 3-923149-43-3)

Band 10:

Norbert Angermann (Hrsg.): Städtisches Leben zur Zeit der Hanse im Baltikum. Lüneburg 2003, 290 S., ISBN: 3-923149-44-1

Band 11:

Heinrich Wittram (Hrsg.): Der ethnische Wandel im Baltikum zwischen 1850 und 1950. Lüneburg 2004, ISBN: 3-923149-45-x)

Band 12:

Otto Heinrich Elias (Hrsg.): Zwischen Aufklärung und Baltischem Biedermeier. Lüneburg (in Vorbereitung, ISBN: 3-923149-46-8)

Band 13:

Jörg Hackmann (Hrsg.): Korporative und freiwillige Assoziationen in den baltischen Ländern. Lüneburg (in Vorbereitung, ISBN: 3-923149-47-6)

Carl-Schirren-Gesellschaft e.V., Am Berge 35, D-21335 Lüneburg
Tel.: (04131)36788, Fax: (04131)33453